일본어는 4가지 문자로 표기해요!

1. 히라가나
히라가나는 한자의 일부분을 따거나 흘려쓰기가 변형되어 만들어진 문자예요. 옛날 궁정 귀족의 여성들이 주로 쓰던 문자였지만, 지금은 문장을 쓸 때 가장 일반적으로 쓰이는 문자이지요. 일본어를 시작할 때는 무조건 익혀야 해요.

ひらがな

2. 가타카나
가타카나는 한자의 일부분을 따거나 획을 간단히 한 문자예요. 히라가나와 발음이 똑 같지만 가타카나는 주로 외래어를 표기할 때 사용하죠. 그밖에 의성어나 어려운 한자로 표기해야 할 동식물의 이름 등에도 사용해요.

カタカナ

3. 한자
우리는 한글만으로 모든 발음을 표기할 수 있지요. 그런데 일본어는 히라가나와 가타카나만으로 표기하기에는 그 발음 숫자가 너무 적어서 한자를 쓰지 않으면 내용을 정확히 알 수 없어요. 한자 읽기는 음독과 훈독이 있으며 우리와는 달리 읽는 방법이 다양해요. 또한 일부 한자는 자획을 정리한 약자(신자체)를 사용해요.

漢字　日本語

4. 로마자
히라가나와 가타카나 그리고 한자는 일본어 표기에 기본이 되는 문자예요. 다른 나라 사람들도 읽을 수 있도록 우리가 로마자(알파벳)로 한글 발음을 표기하는 것처럼 일본어에서도 각 문자마다 로마자 표기법을 정해 사용하고 있어요. 로마자 표기법도 함께 익혀 두세요.

hiragana　katakana　kanji

BIG PICTURE

랭컴출판사의 빅픽처는 누구나 즐기면서 신나게 공부할 수 있는
색칠공부(컬러링북)와 따라쓰기 교재를 연구하고 개발하는 사람들이 모여서
큰 그림을 그리면서 작품 활동을 하고 있습니다.

엄마가 골라주는
일본어 히라가나 따라쓰기

2023년 05월 05일 초판 1쇄 인쇄
2024년 02월 10일 초판 3쇄 발행

지은이 BIG PICTURE
발행인 손건
편집기획 김상배, 장수경
마케팅 최관호, 김재명
디자인 Purple
제작 최승용
인쇄 선경프린테크

발행처 *LanCom* 랭컴
주소 서울시 영등포구 영신로34길 19, 3층
등록번호 제 312-2006-00060호
전화 02) 2636-0895
팩스 02) 2636-0896
홈페이지 www.lancom.co.kr
이메일 elancom@naver.com

ⓒ 랭컴 2023
ISBN 979-11-92199-39-9 73730

이 책의 저작권은 저자에게 있습니다. 저자와 출판사의 허락없이
내용의 일부를 인용하거나 발췌하는 것을 금합니다.

엄마가 골라주는

일본어 히라가나 따라쓰기

한글로 히라가나 발음을 크게 표시했어요. 아래는 로마자 표기예요. 금방 눈에 들어오죠. 히라가나 발음을 크게 소리내어 읽어봐요.

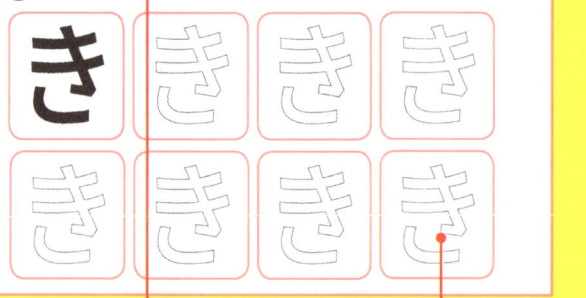

스마트폰 카메라로 QR코드를 대보세요. 히라가나 쓰기 순서가 천천히 동영상으로 나오죠. 보면서 아주 쉽게 따라 쓸 수 있어요.

모두 쓰기 편하도록 아주 큰 히라가나로 표기했지요. 먼저 순서대로 화살표를 따라 손가락으로 그려보세요. 그리고 연필로 천천히 써보세요.

자, 위에서 히라가나 쓰기 순서를 익혔나요? 아직 모르겠다면 히라가나 위에 따라쓰기를 해보세요. 천천히 따라쓰기를 할 수 있도록 7개의 히라가나를 네모칸에 두었어요. 여러 번 반복해서 연습할 수 있죠.

히라가나가 단어에서는
어떻게 쓰이는지 확인해요.
히라가나 위의 한글은 발음이고,
그 아래는 단어의 뜻이에요.
단어를 큰 소리로 읽어보세요.
물론 일본인의 발음도 들어야겠죠.
QR코드를 찍으면 일본인의
정확한 발음을 들을 수 있어요.

단어 하나를 선정하여
알맞는 그림을 두었어요.
그림을 보면서 상상해보세요.
훨씬 기억에 오래 남을 거예요.

색연필을 준비하세요.
히라가나 쓰기 순서에 따라 여러 가지
색깔로 예쁘게 색칠해보세요.
그럼 히라가나가 그림처럼 느껴질 거예요.

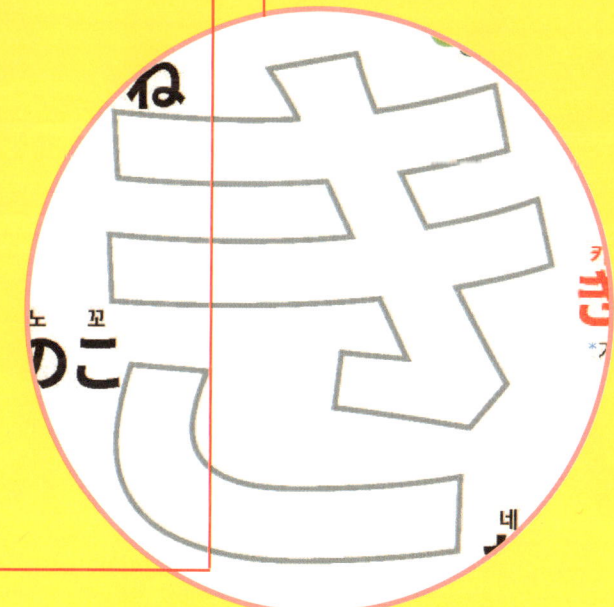

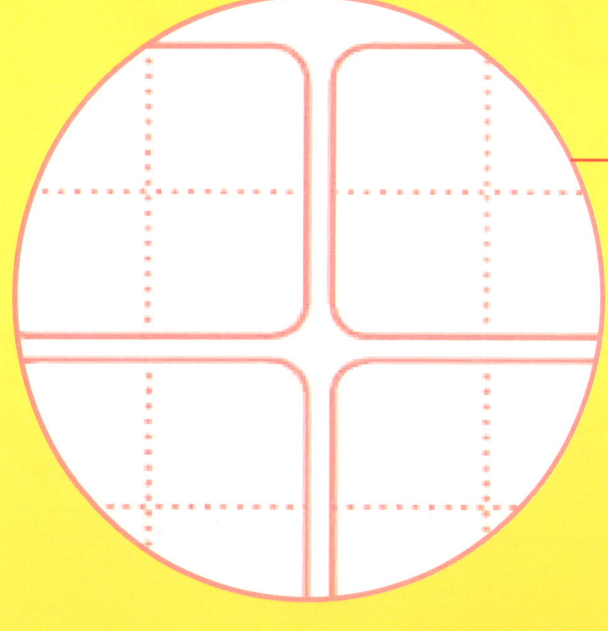

이제 마무리해요.
히라가나를 보지 말고 네모칸에 또박또박 써보세요.
당연히 네모 빈칸을 모두 채워야겠죠.

☀️ 손가락으로 화살표를 따라 그려보고 연필로 써보세요.

아
[a]

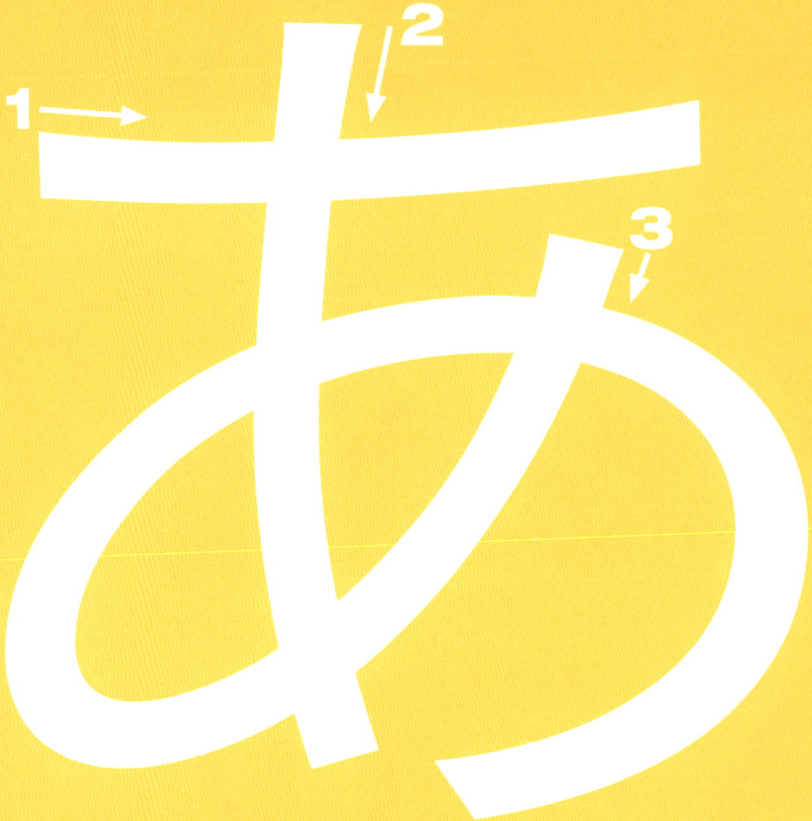

あ
1 → 2 ↓ 3 ↓

🐱 히라가나를 보고 천천히 따라 써보세요.

단어를 큰소리로 읽고 히라가나를 예쁘게 색칠해요.

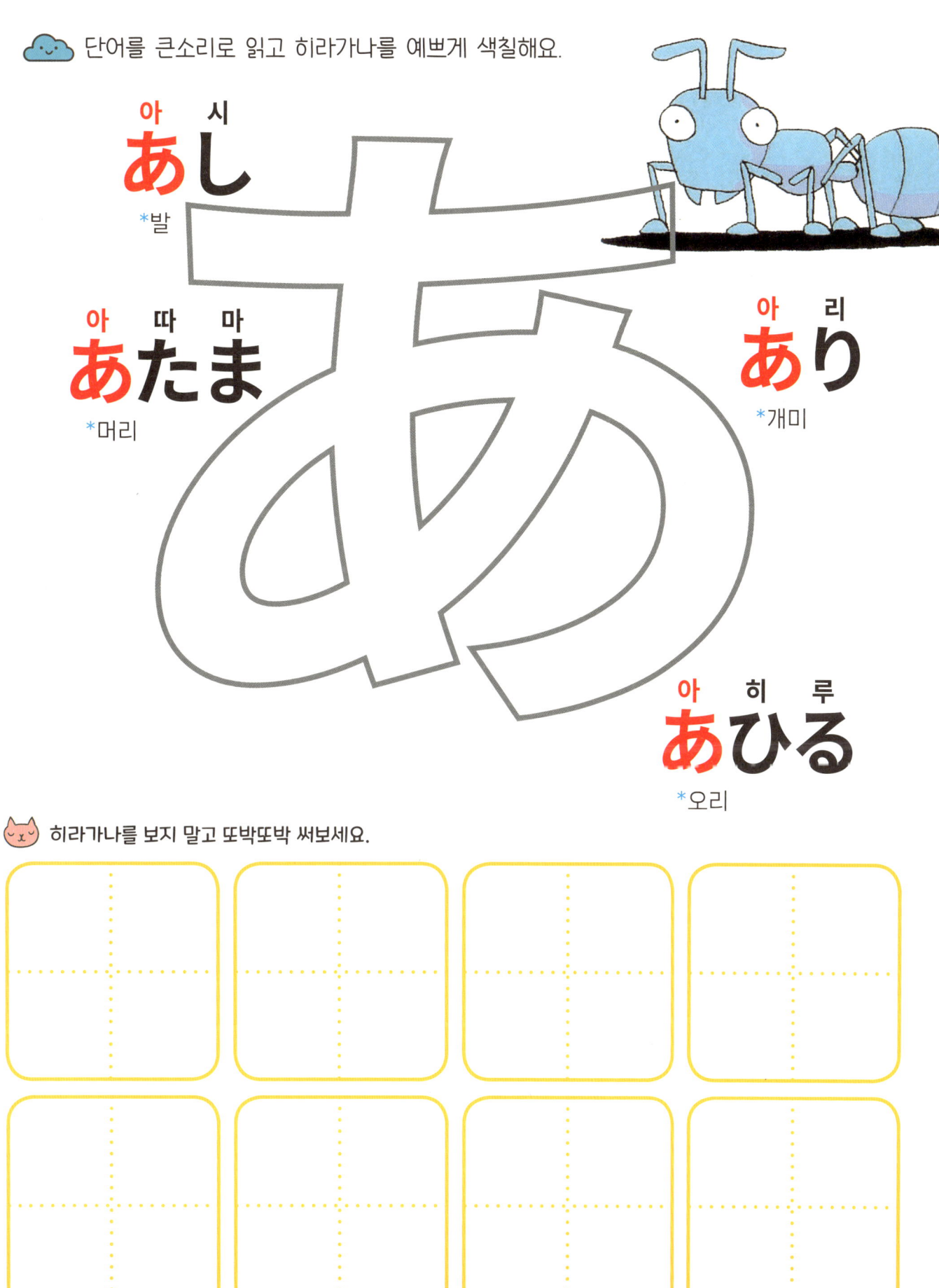

아 시
あし
*발

아 따 마
あたま
*머리

아 리
あり
*개미

아 히 루
あひる
*오리

히라가나를 보지 말고 또박또박 써보세요.

손가락으로 화살표를 따라 그려보고 연필로 써보세요.

이

[i]

1 2

い

히라가나를 보고 천천히 따라 써보세요.

い い い い
い い い い

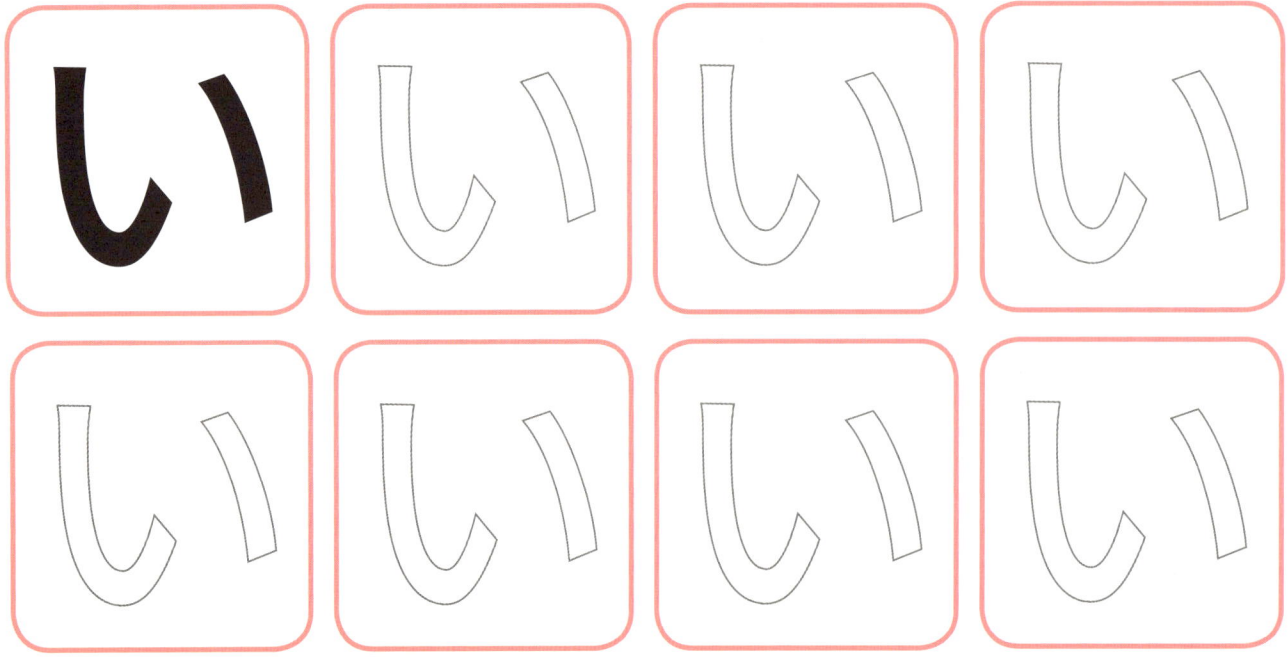

☁ 단어를 큰소리로 읽고 히라가나를 예쁘게 색칠해요.

이 누
いぬ
*개

이 찌 고
いちご
*딸기

이 에
いえ
*집(house)

이 모
いも
*감자

🐱 히라가나를 보지 말고 또박또박 써보세요.

🌞 손가락으로 화살표를 따라 그려보고 연필로 써보세요.

우
[u]

🐱 히라가나를 보고 천천히 따라 써보세요.

☁ 단어를 큰소리로 읽고 히라가나를 예쁘게 색칠해요.

^우^마
うま
*말

^우^사^기
うさぎ
*토끼

^우^시
うし
*소

^우^메^보^시
うめぼし
*매실장아찌

🐱 히라가나를 보지 말고 또박또박 써보세요.

☀️ 손가락으로 화살표를 따라 그려보고 연필로 써보세요.

에
[e]

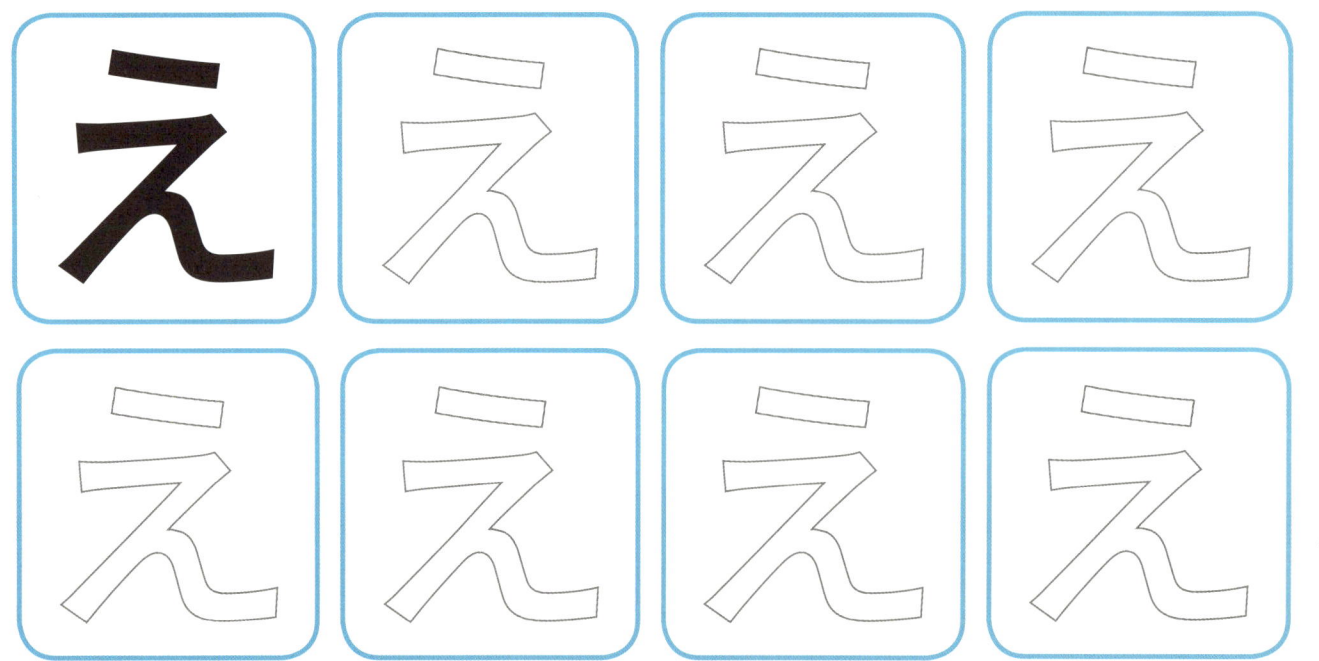

🐱 히라가나를 보고 천천히 따라 써보세요.

단어를 큰소리로 읽고 히라가나를 예쁘게 색칠해요.

<에><다>
えだ
*나뭇가지

<에><끼>
えき
*역

<에><비>
えび
*새우

<에><리><마><끼>
えりまき
*목도리

히라가나를 보지 말고 또박또박 써보세요.

😊 손가락으로 화살표를 따라 그려보고 연필로 써보세요.

오
[o]

あ

🐱 히라가나를 보고 천천히 따라 써보세요.

☁️ 단어를 큰소리로 읽고 히라가나를 예쁘게 색칠해요.

오니
おに
*귀신

오또꼬
おとこ
*남자

오리가미
おりがみ
*종이접기

오까네
おかね
*돈

🐱 히라가나를 보지 말고 또박또박 써보세요.

👍 다음 히라가나를 보고 알맞는 발음을 선으로 연결해보세요.

あ ・　　　　　　・ 에
い ・　　　　　　・ 오
う ・　　　　　　・ 이
え ・　　　　　　・ 우
お ・　　　　　　・ 아

🍦 다음 발음을 보고 알맞는 히라가나에 동그라미를 치세요

우 [u]　　あ　い　う　え　お

에 [e]　　あ　い　う　え　お

아 [a]　　あ　い　う　え　お

오 [o]　　あ　い　う　え　お

이 [i]　　あ　い　う　え　お

🌠 다음 발음을 듣고 그림에 알맞는 단어를 선으로 연결해보세요.

   •   • あり

   •   • いちご

   •   • えき

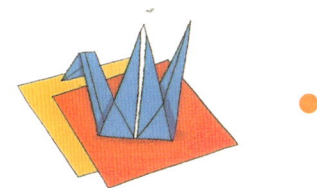   •   • うさぎ

   •   • おりがみ

🐱 다음 발음에 알맞는 히라가나를 네모 칸에 써넣으세요.

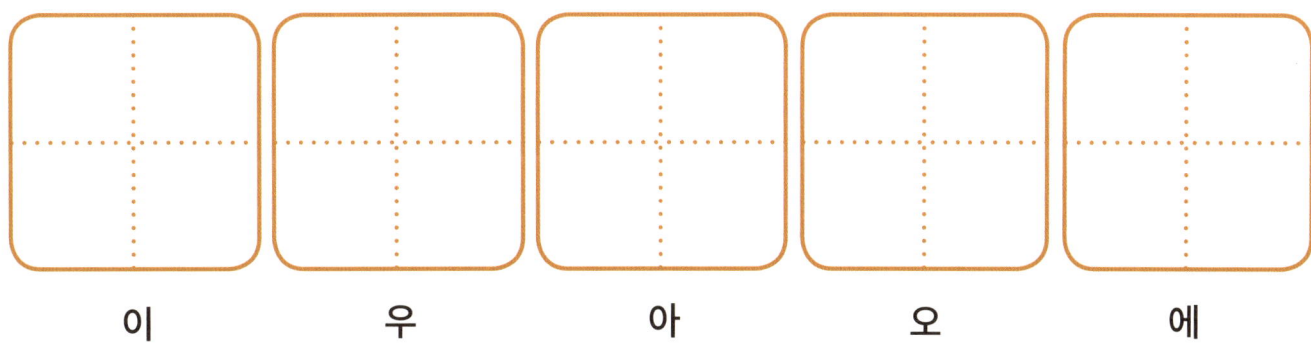

| 이 | 우 | 아 | 오 | 에 |

☀️ 손가락으로 화살표를 따라 그려보고 연필로 써보세요.

카
[ka]

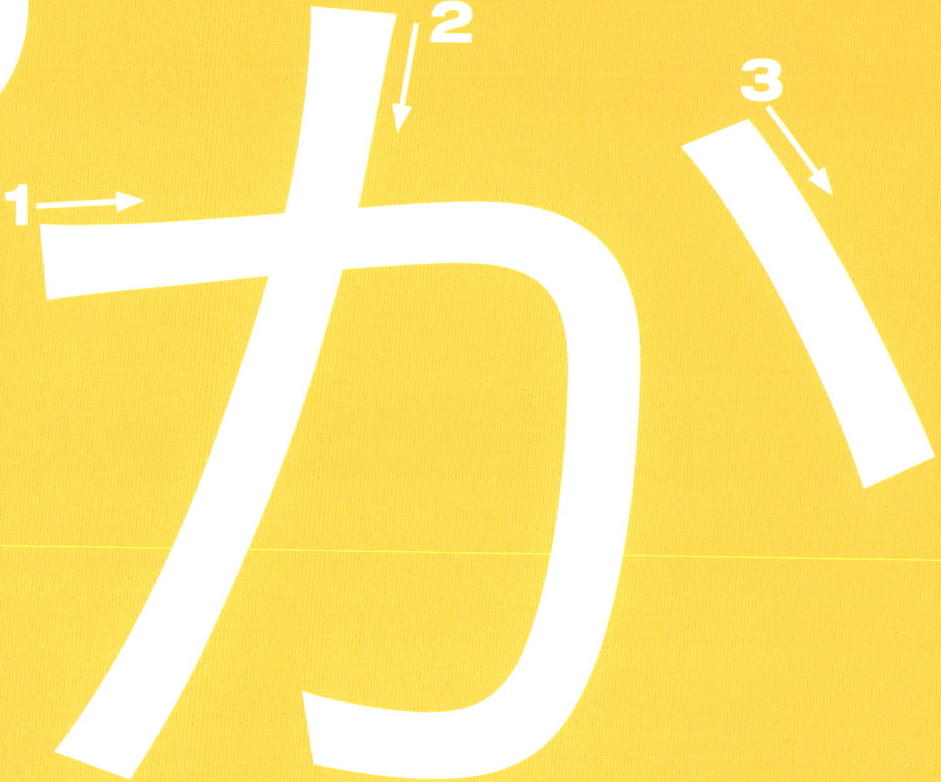

か

*か는 단어의 첫 음절이 아닌 중간이나 끝에 오면 '까'로 발음해요.

🐱 히라가나를 보고 천천히 따라 써보세요.

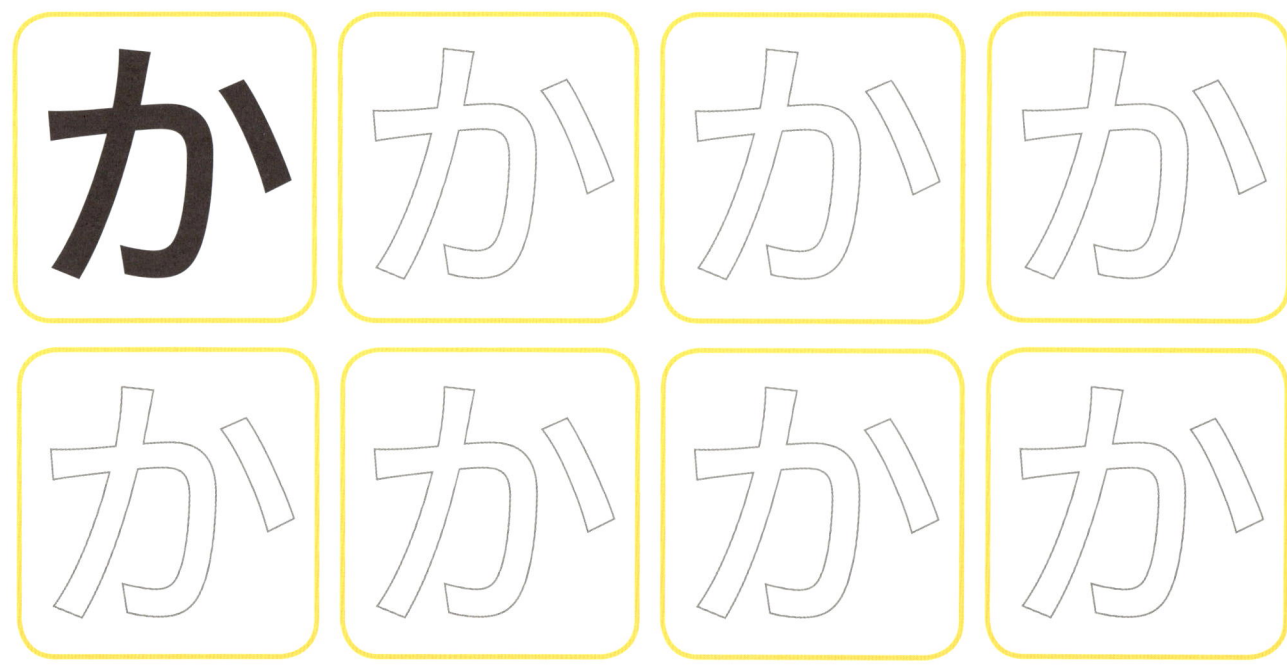

☁️ 단어를 큰소리로 읽고 히라가나를 예쁘게 색칠해요.

카 니
かに
*게

카 사
かさ
*우산

카 바
かば
*하마

이 루 까
いるか
*돌고래

🐱 히라가나를 보지 말고 또박또박 써보세요.

키 [ki]

손가락으로 화살표를 따라 그려보고 연필로 써보세요.

き

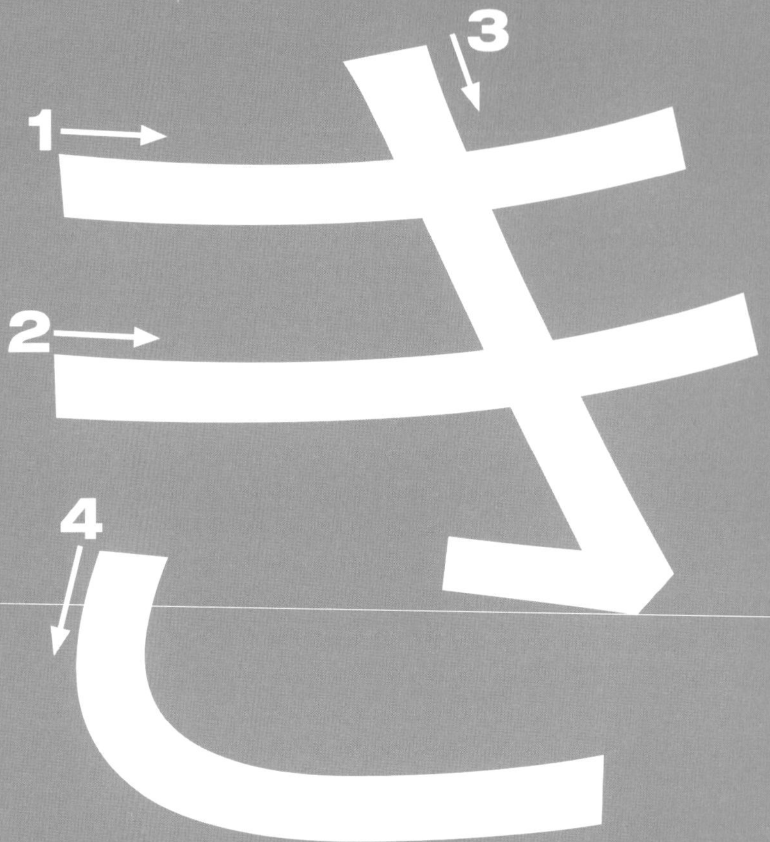

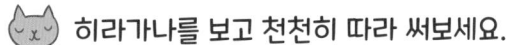
* き는 단어의 첫 음절이 아닌 중간이나 끝에 오면 '끼'로 발음해요.

히라가나를 보고 천천히 따라 써보세요.

단어를 큰소리로 읽고 히라가나를 예쁘게 색칠해요.

^키^쯔^네
きつね
*여우

^키^링
きりん
*기린

^키^노^꼬
きのこ
*버섯

^네^마^끼
ねまき
*잠옷

히라가나를 보지 말고 또박또박 써보세요.

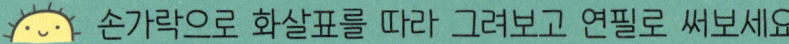 손가락으로 화살표를 따라 그려보고 연필로 써보세요.

쿠
[ku]

* く는 단어의 첫 음절이 아닌 중간이나 끝에 오면 '꾸'로 발음해요.

히라가나를 보고 천천히 따라 써보세요.

☁️ 단어를 큰소리로 읽고 히라가나를 예쁘게 색칠해요.

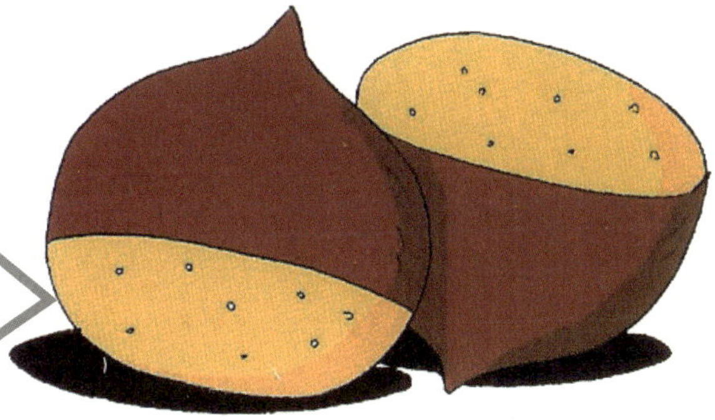

쿠 지 라
くじら
*고래

쿠 리
くり
*밤

쿠 루 마
くるま
*차

카 조 꾸
かぞ**く**
*가족

🐱 히라가나를 보지 말고 또박또박 써보세요.

☀️ 손가락으로 화살표를 따라 그려보고 연필로 써보세요.

케
[ke]

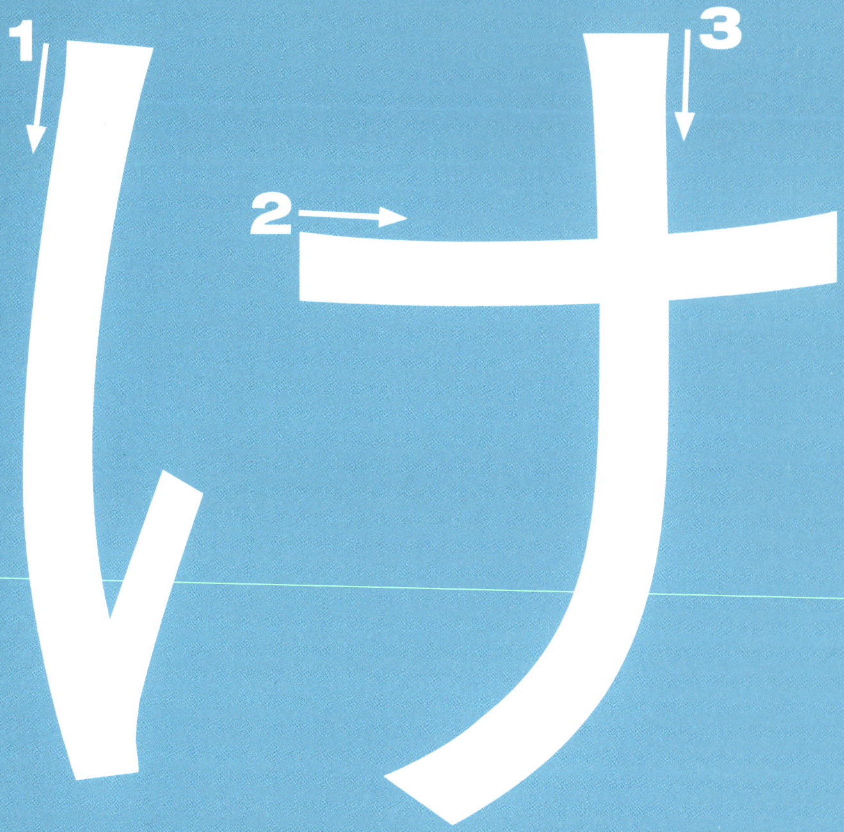

け

*け는 단어의 첫 음절이 아닌 중간이나 끝에 오면 '게'로 발음해요.

🐱 히라가나를 보고 천천히 따라 써보세요.

☁ 단어를 큰소리로 읽고 히라가나를 예쁘게 색칠해요.

케 가
けが
*상처

케 이 또
けいと
*털실

이 께
いけ
*연못

케 무 리
けむり
*연기

🐱 히라가나를 보지 말고 또박또박 써보세요.

🙂 손가락으로 화살표를 따라 그려보고 연필로 써보세요.

こ
[ko]

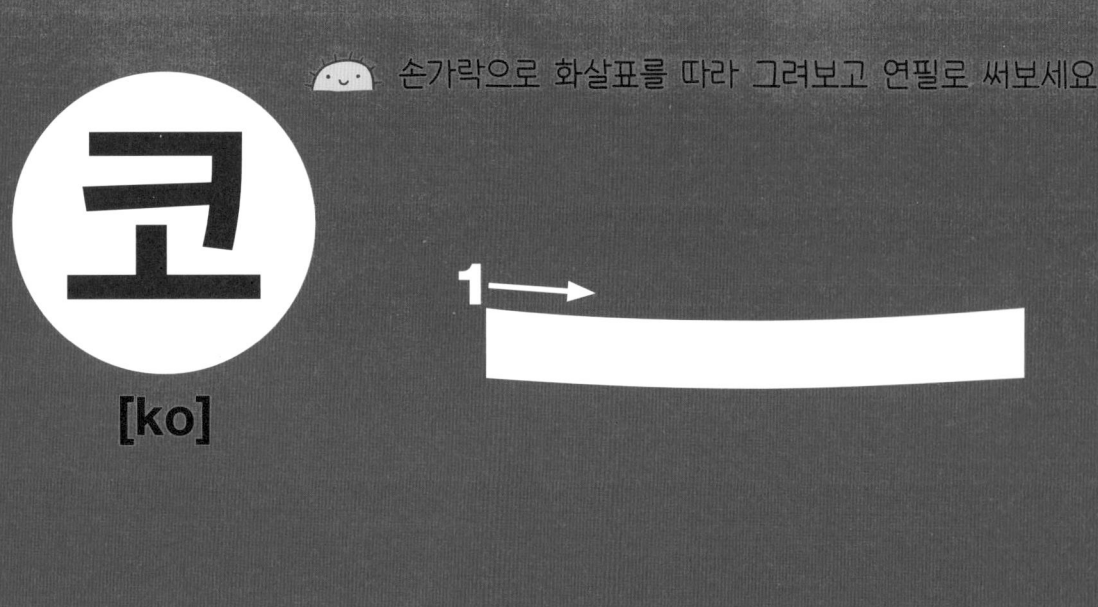

*こ는 단어의 첫 음절이 아닌 중간이나 끝에 오면 '꼬'로 발음해요.

🐱 히라가나를 보고 천천히 따라 써보세요.

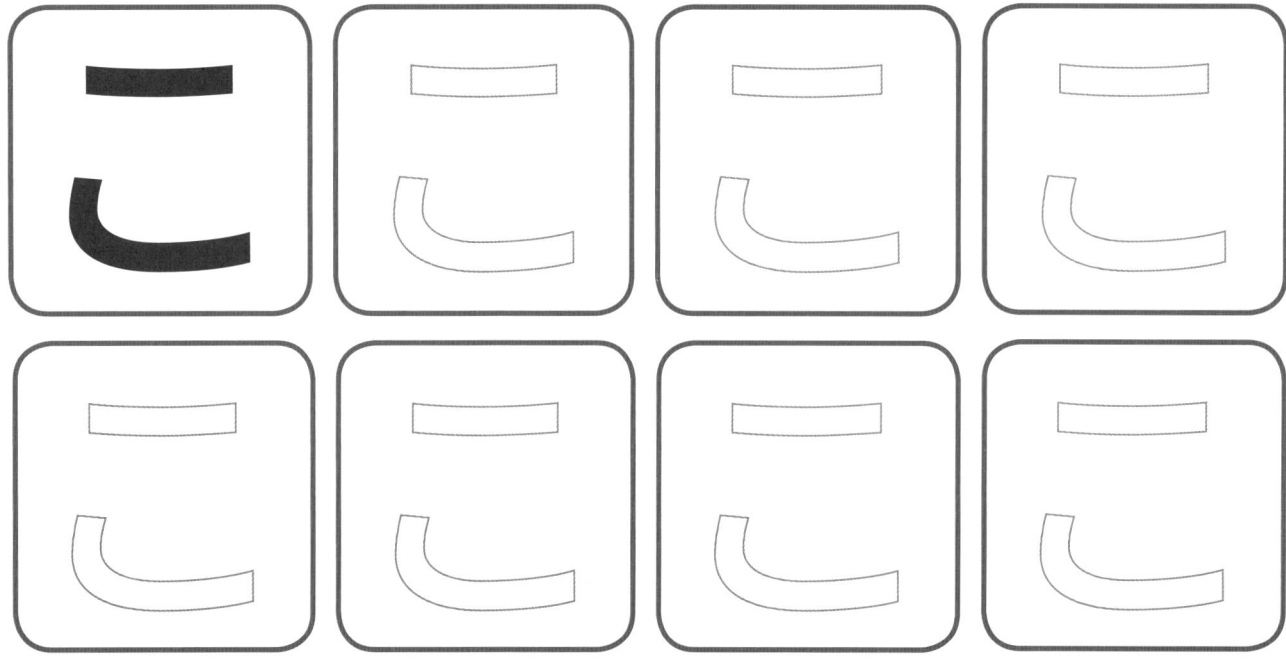

단어를 큰소리로 읽고 히라가나를 예쁘게 색칠해요.

코 이
こい
*잉어

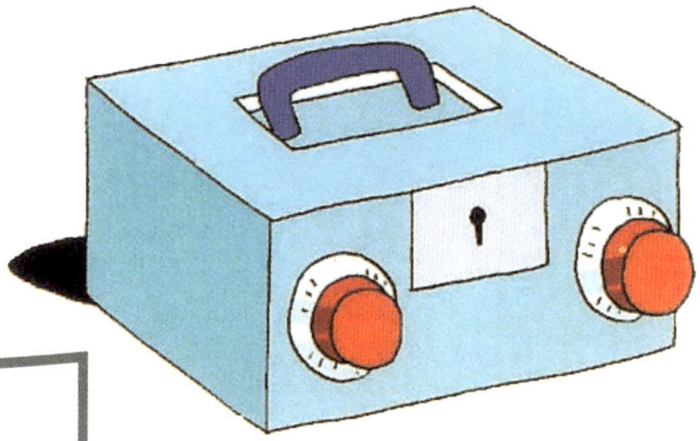

킹 꼬
きんこ
*금고

코 마
こま
*팽이

코 도 모
こども
*어린이

히라가나를 보지 말고 또박또박 써보세요.

👍 다음 히라가나를 보고 알맞은 발음을 선으로 연결해보세요.

か ・	・ 쿠
き ・	・ 카
く ・	・ 키
け ・	・ 코
こ ・	・ 케

🍦 다음 발음을 보고 알맞은 히라가나에 동그라미를 치세요

카 [ka]　　か　き　く　け　こ

코 [ko]　　か　き　く　け　こ

쿠 [ku]　　か　き　く　け　こ

케 [ke]　　か　き　く　け　こ

키 [ki]　　か　き　く　け　こ

다음 발음을 듣고 그림에 알맞는 단어를 선으로 연결해보세요.

🐱 다음 발음에 알맞는 히라가나를 네모 칸에 써넣으세요.

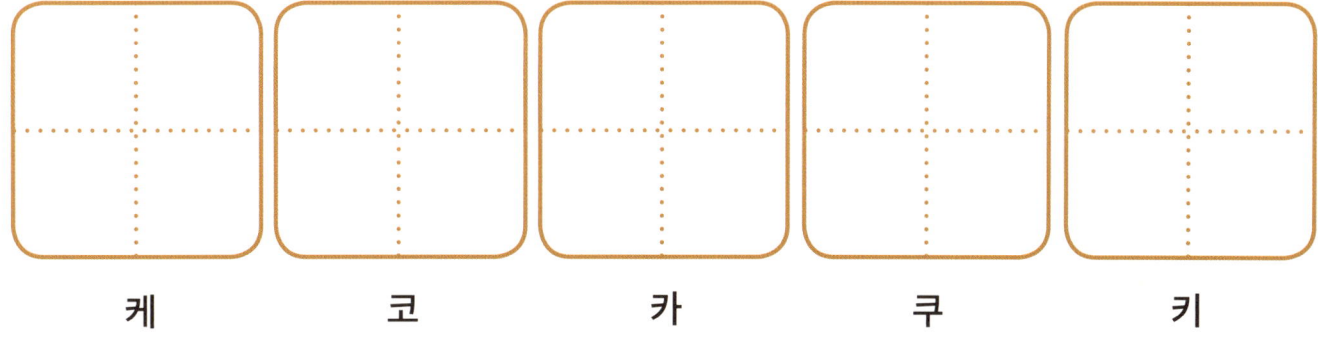

케 　 코 　 카 　 쿠 　 키

☀️ 손가락으로 화살표를 따라 그려보고 연필로 써보세요.

사
[sa]

🐱 히라가나를 보고 천천히 따라 써보세요.

☁️ 단어를 큰소리로 읽고 히라가나를 예쁘게 색칠해요.

_사**さ**_메**め**
*상어

_사**さ**_꾸**く**_라**ら**
*벚꽃

さ

_사**さ**_루**る**
*원숭이

_사**さ**_까**か**_나**な**
*물고기

🐱 히라가나를 보지 말고 또박또박 써보세요.

손가락으로 화살표를 따라 그려보고 연필로 써보세요.

시

[shi]

1

し

히라가나를 보고 천천히 따라 써보세요.

し	し	し	し
し	し	し	し

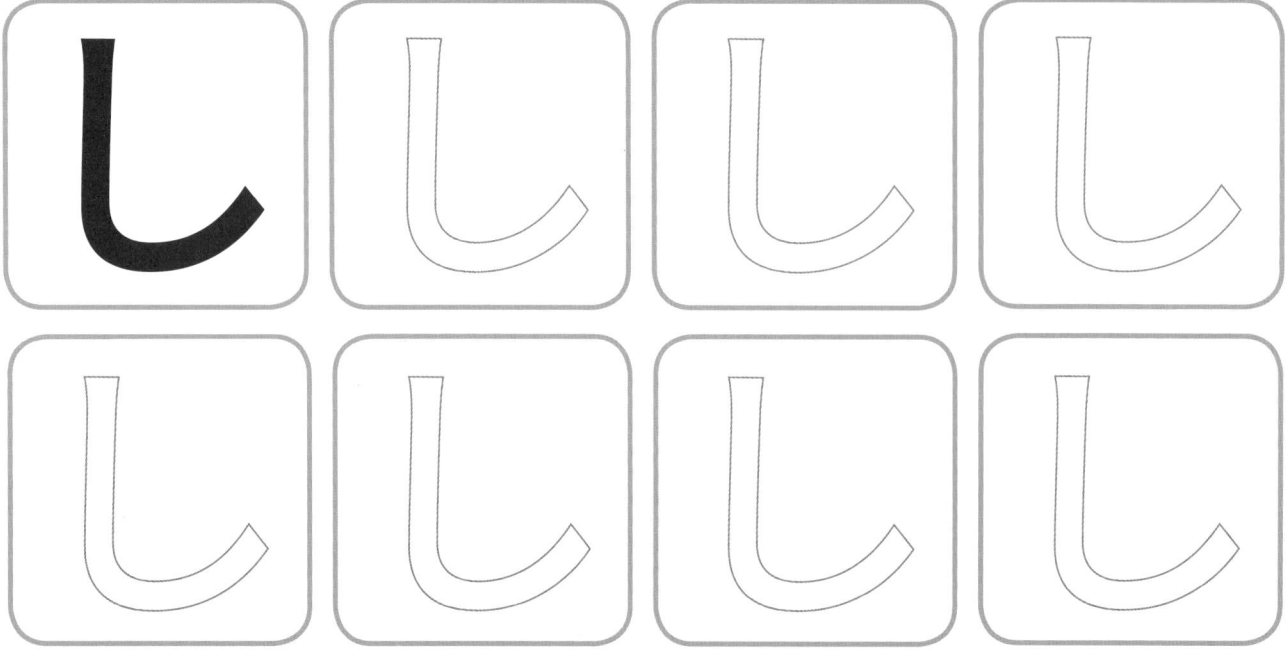

☁ 단어를 큰소리로 읽고 히라가나를 예쁘게 색칠해요.

시 따
した
*혀/아래

시 까
しか
*사슴

시 리
しり
*엉덩이

시 마
しま
*섬

🐱 히라가나를 보지 말고 또박또박 써보세요.

☀️ 손가락으로 화살표를 따라 그려보고 연필로 써보세요.

스
[su]

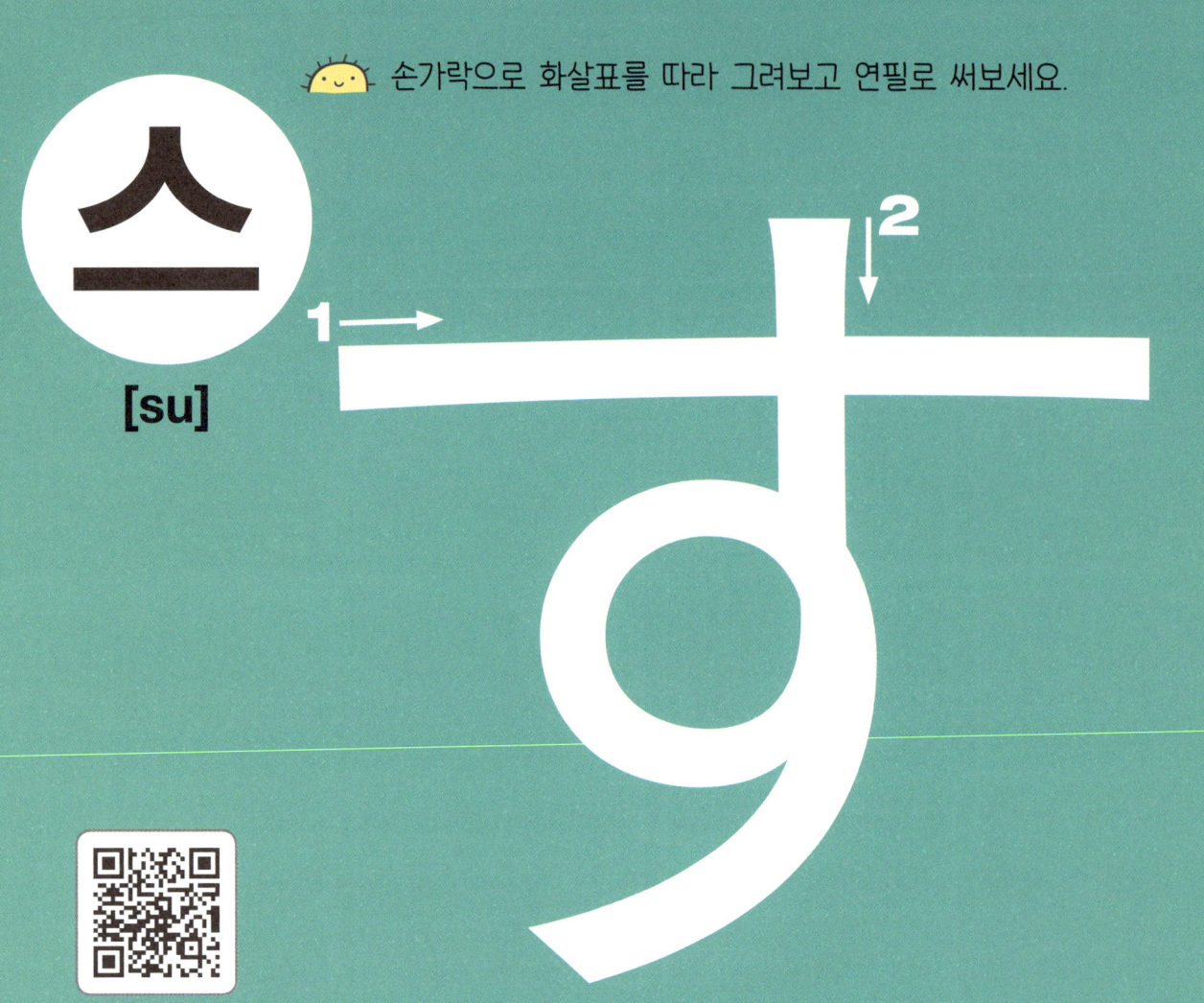

*す는 '수'로 발음하지 않고 '스'로 발음해요.

🐱 히라가나를 보고 천천히 따라 써보세요.

단어를 큰소리로 읽고 히라가나를 예쁘게 색칠해요.

스 나
すな
*모래

스 이 까
すいか
*수박

'ー'는 길게 발음 해요.

스 - 지
すうじ
*숫자

스 모 -
すもう
*(일본전통) 씨름

히라가나를 보지 말고 또박또박 써보세요.

🌞 손가락으로 화살표를 따라 그려보고 연필로 써보세요.

세
[se]

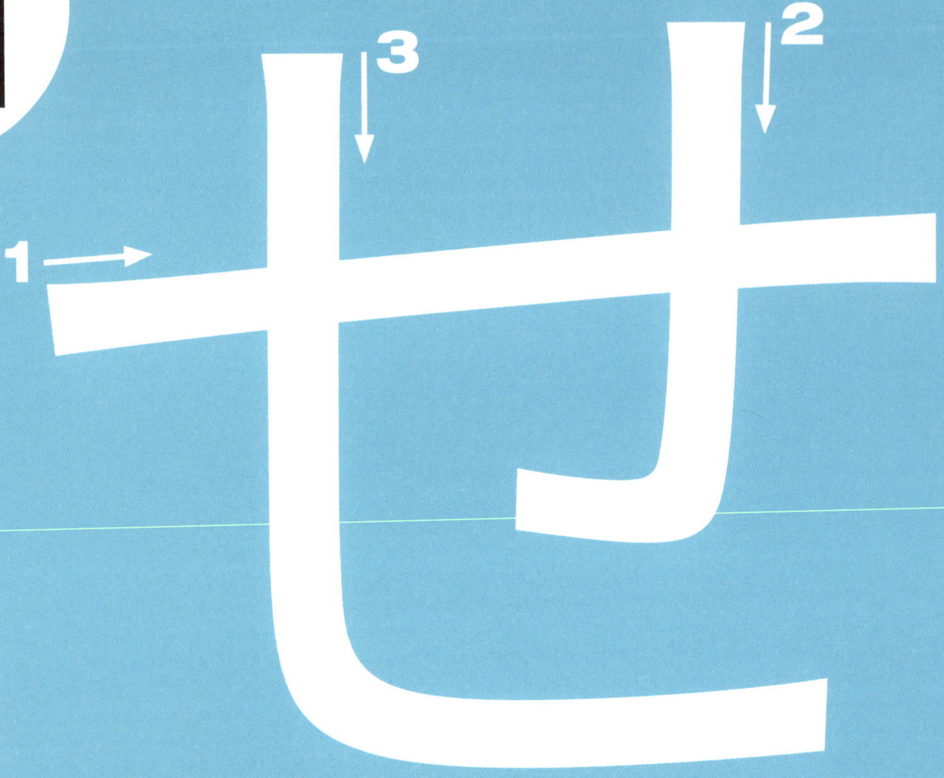

せ

🐱 히라가나를 보고 천천히 따라 써보세요.

단어를 큰소리로 읽고 히라가나를 예쁘게 색칠해요.

세 나 까
せなか
*등

세 미
せみ
*매미

세 까이
せかい
*세계

세 따께
せたけ
*키(신장)

히라가나를 보지 말고 또박또박 써보세요.

☀️ 손가락으로 화살표를 따라 그려보고 연필로 써보세요.

そ
[so]

1→
そ

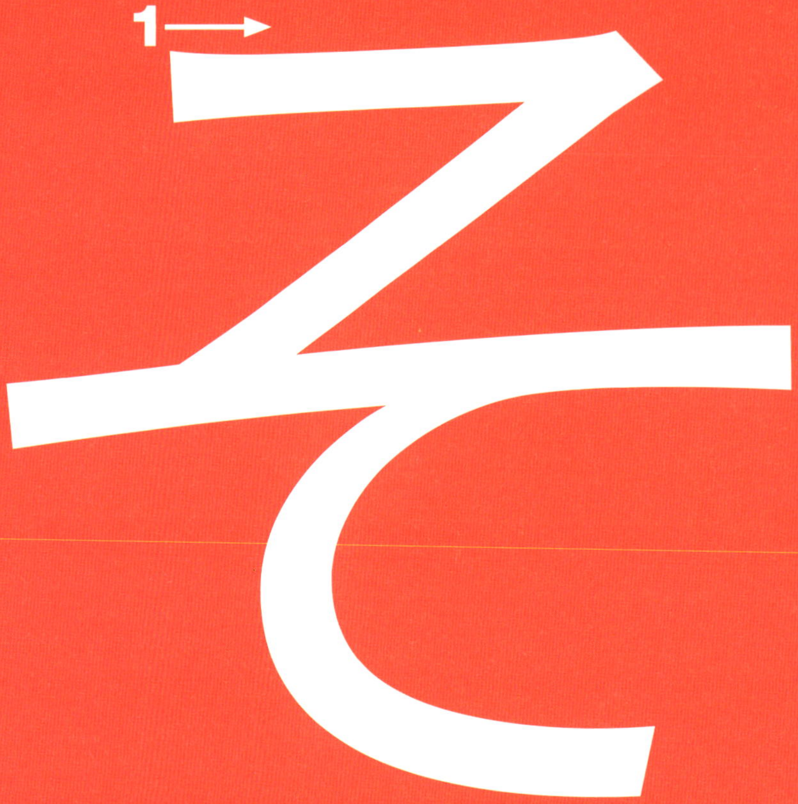

🐱 히라가나를 보고 천천히 따라 써보세요.

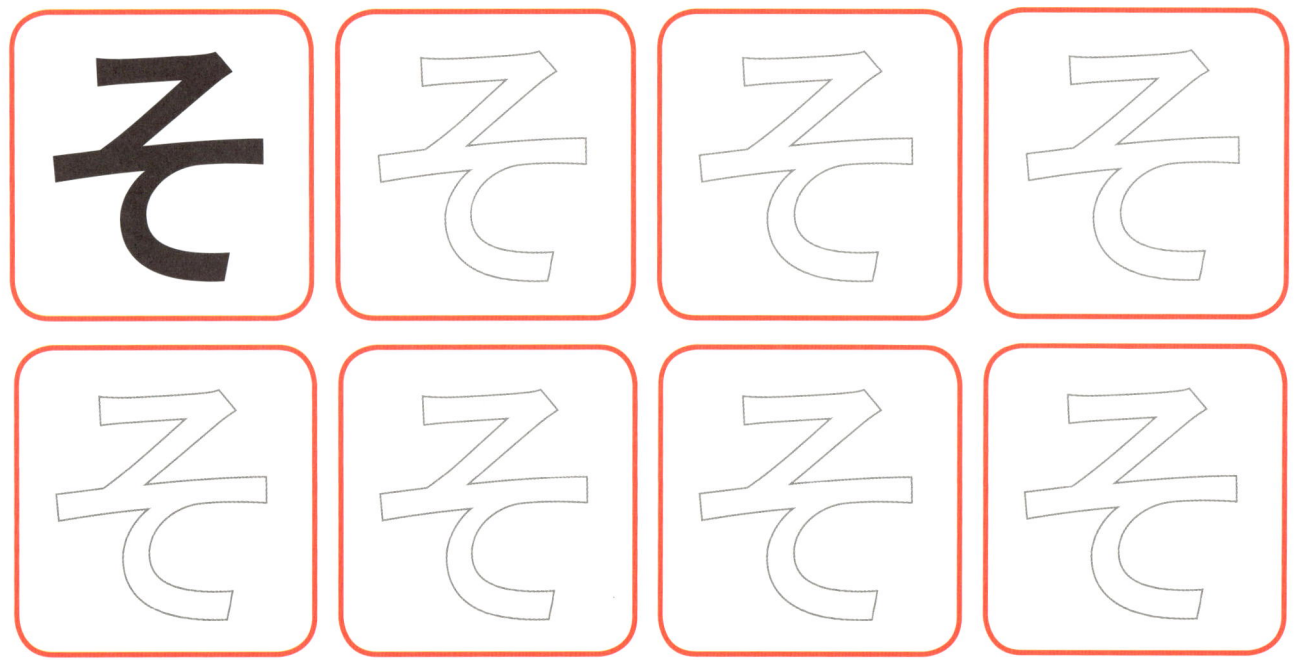

☁ 단어를 큰소리로 읽고 히라가나를 예쁘게 색칠해요.

소 데
そで
*소매

소 바
そば
*메밀국수

소 라
そら
*하늘

소 - 지 끼
そうじき
*청소기

🐱 히라가나를 보지 말고 또박또박 써보세요.

다음 히라가나를 보고 알맞는 발음을 선으로 연결해보세요.

さ ・　　　　　　　・ そ
し ・　　　　　　　・ 세
す ・　　　　　　　・ 사
せ ・　　　　　　　・ 스
そ ・　　　　　　　・ 시

🍦 다음 발음을 보고 알맞는 히라가나에 동그라미를 치세요

시 [shi]　　さ　し　す　せ　そ

사 [sa]　　さ　し　す　せ　そ

스 [su]　　さ　し　す　せ　そ

소 [so]　　さ　し　す　せ　そ

세 [se]　　さ　し　す　せ　そ

다음 발음을 듣고 그림에 알맞는 단어를 선으로 연결해보세요.

 다음 발음에 알맞는 히라가나를 네모 칸에 써넣으세요.

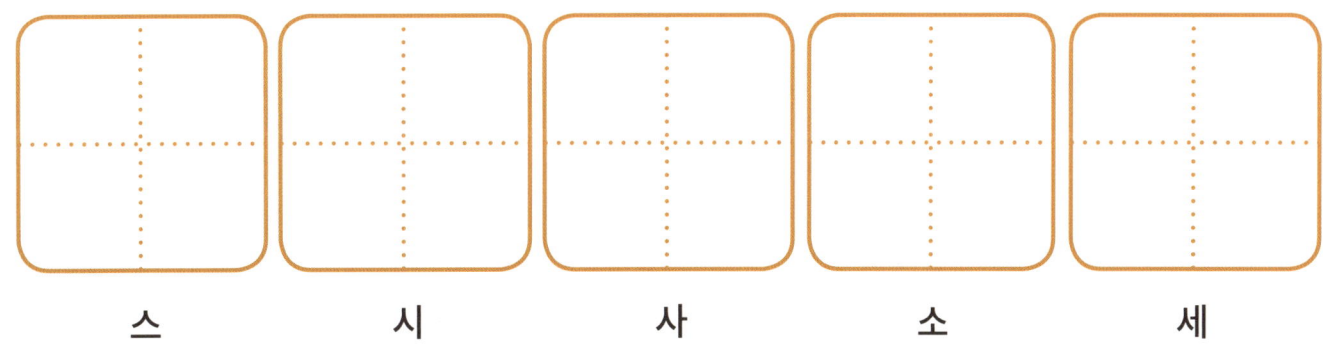

스　　시　　사　　소　　세

손가락으로 화살표를 따라 그려보고 연필로 써보세요.

타
[ta]

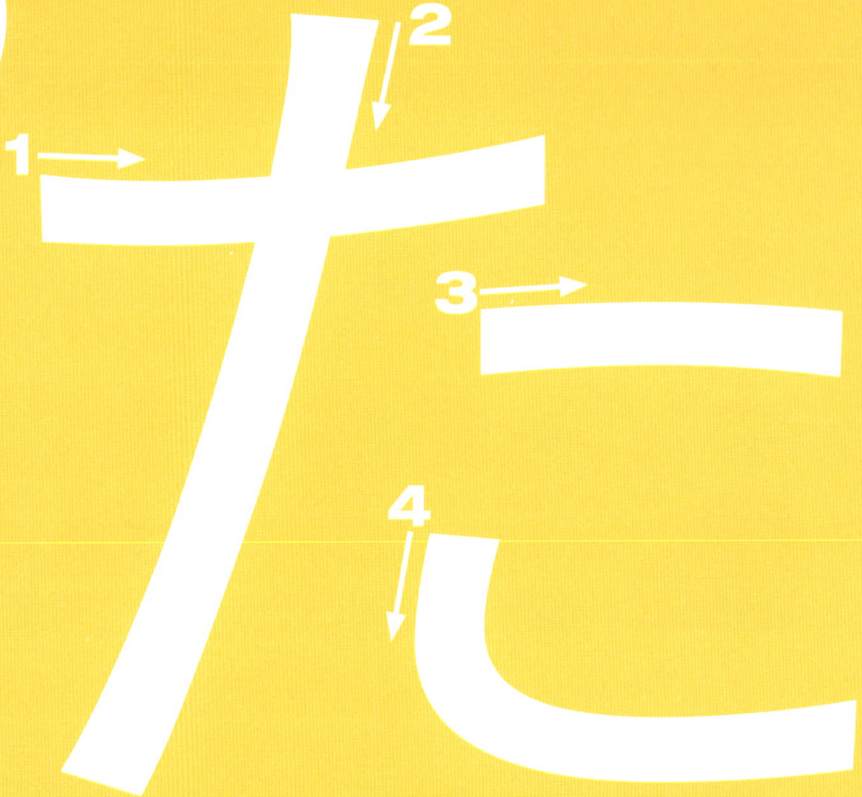

た

*た는 단어의 첫 음절이 아닌 중간이나 끝에 오면 '따'로 발음해요.

히라가나를 보고 천천히 따라 써보세요.

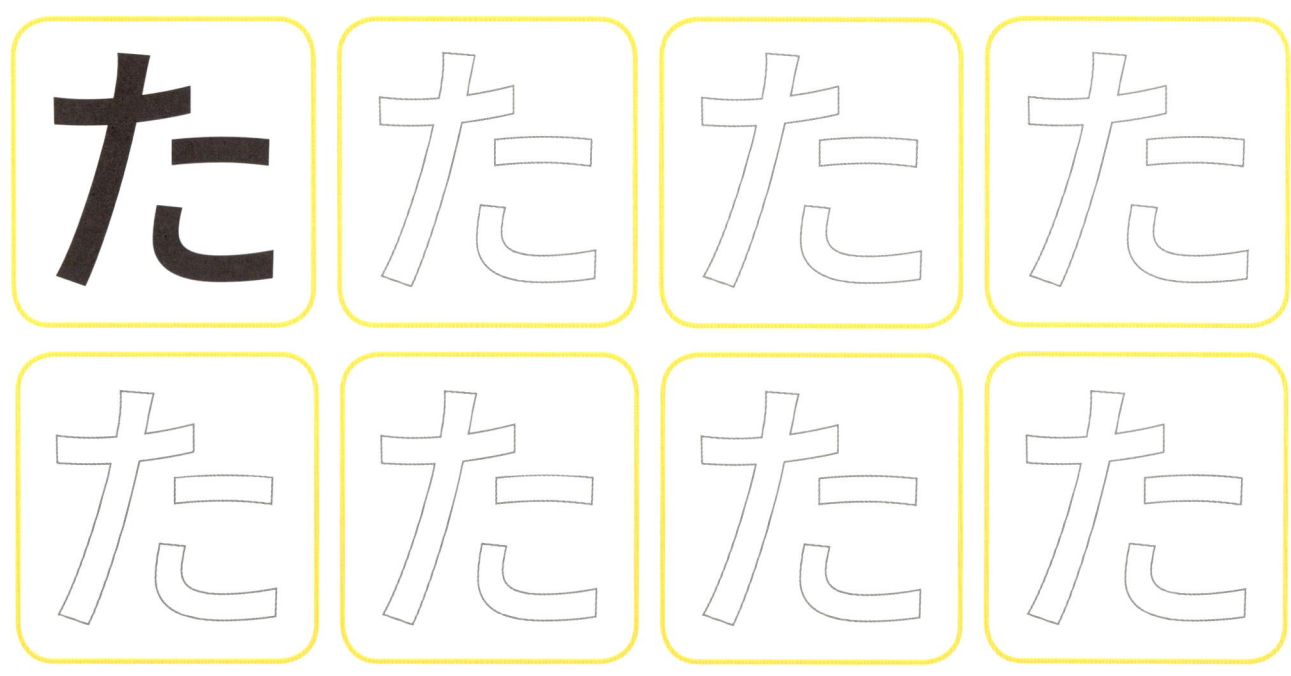

단어를 큰소리로 읽고 히라가나를 예쁘게 색칠해요.

타 마 고
たまご
*알

타 이 꼬
たいこ
*북

타 꼬
たこ
*연

아 시 따
あした
*내일

た

히라가나를 보지 말고 또박또박 써보세요.

손가락으로 화살표를 따라 그려보고 연필로 써보세요.

치
[chi]

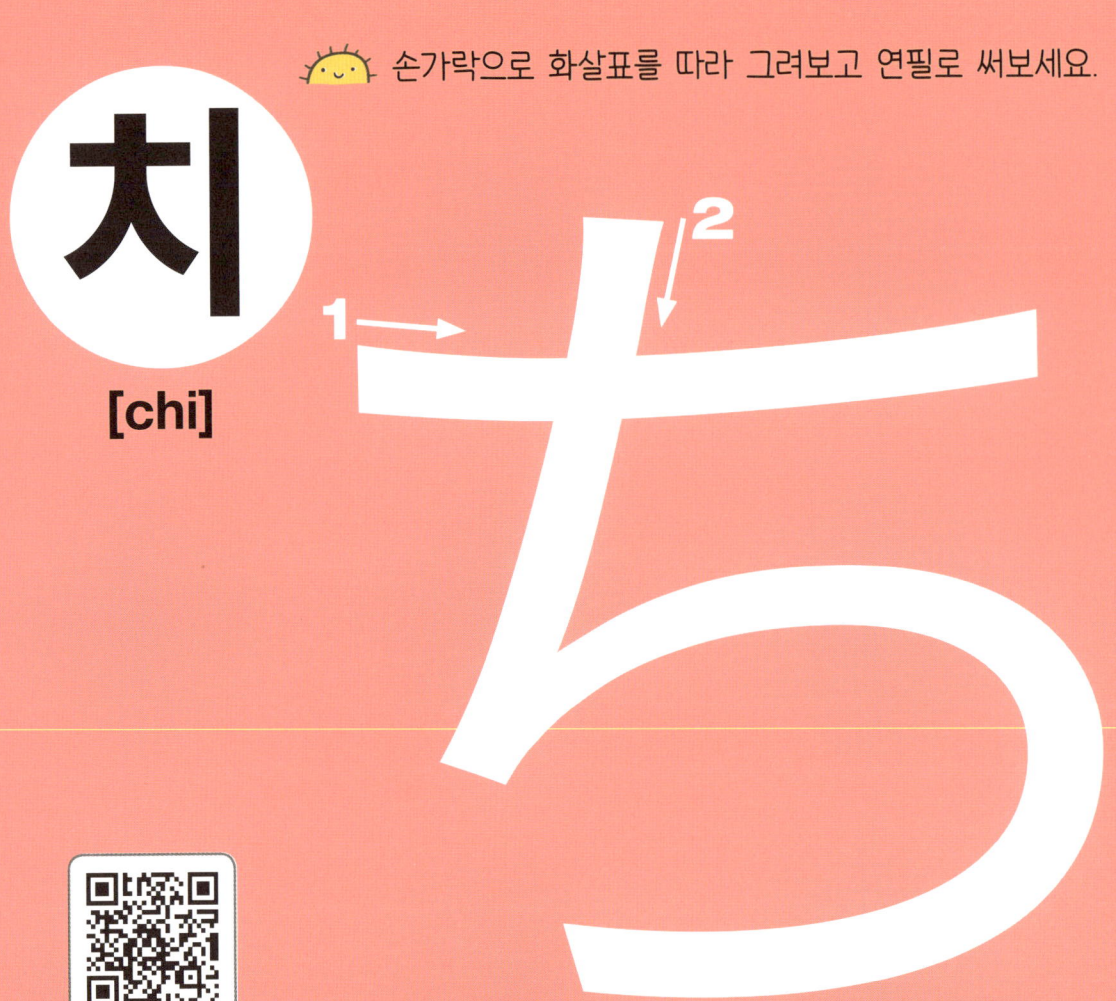

* ち는 단어의 첫 음절이 아닌 중간이나 끝에 오면 '찌'로 발음해요.

히라가나를 보고 천천히 따라 써보세요.

ち ち ち ち
ち ち ち ち

단어를 큰소리로 읽고 히라가나를 예쁘게 색칠해요.

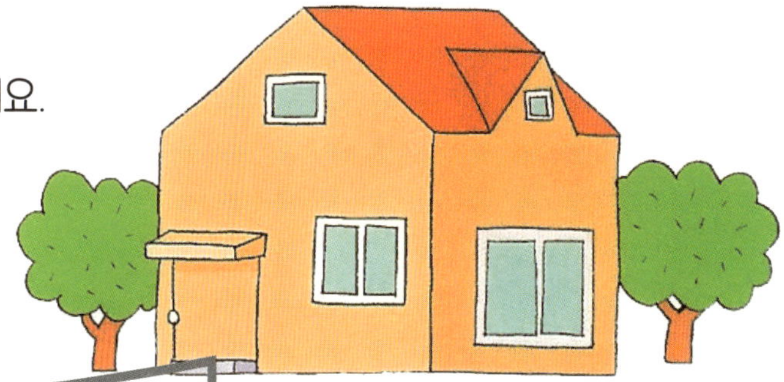

ちず
*지도

うち
*집(home)

ちりとり
*쓰레받기

ちから
*힘

히라가나를 보지 말고 또박또박 써보세요.

🌞 손가락으로 화살표를 따라 그려보고 연필로 써보세요.

つ
[tsu]

*つ는 단어의 첫 음절이 아닌 중간이나 끝에 오면 '쯔'로 발음해요.

🐱 히라가나를 보고 천천히 따라 써보세요.

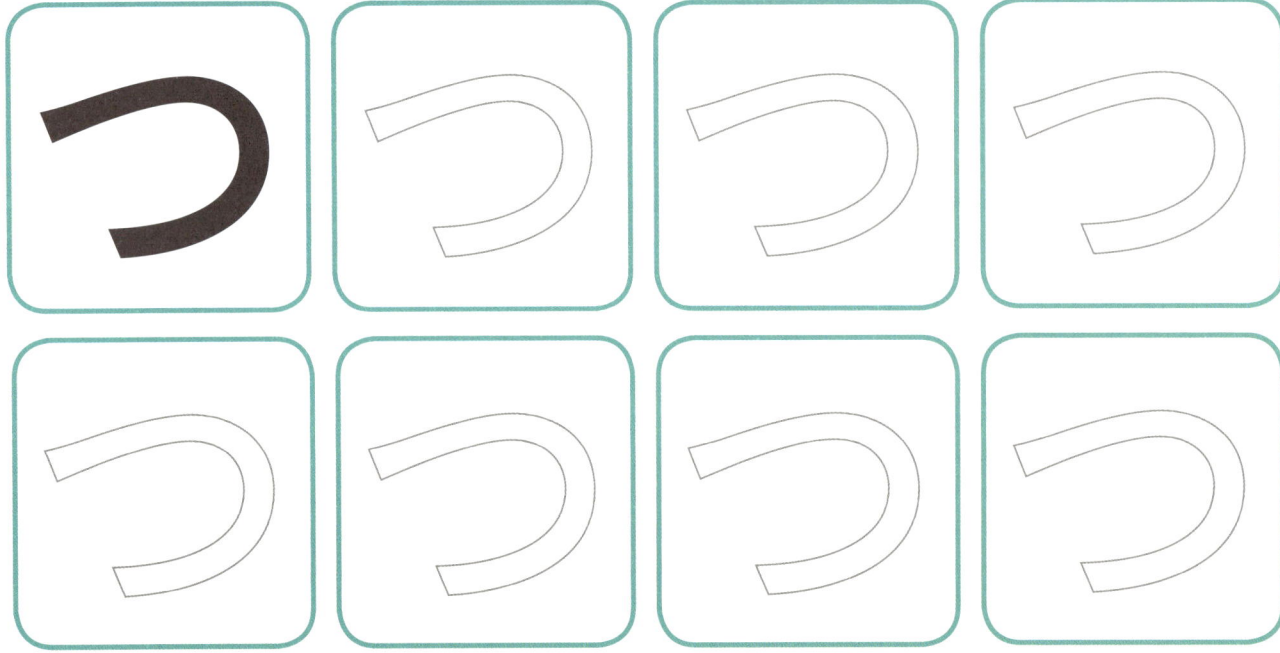

🌥 단어를 큰소리로 읽고 히라가나를 예쁘게 색칠해요.

츠 끼
つき
*달

츠 바 메
つばめ
*제비

츠 꾸 에
つくえ
*책상

쿠 쯔
くつ
*신발

🐱 히라가나를 보지 말고 또박또박 써보세요.

손가락으로 화살표를 따라 그려보고 연필로 써보세요.

테

[te]

1

て

* て는 단어의 첫 음절이 아닌 중간이나 끝에 오면 '떼'로 발음해요.

히라가나를 보고 천천히 따라 써보세요.

て て て て

て て て て

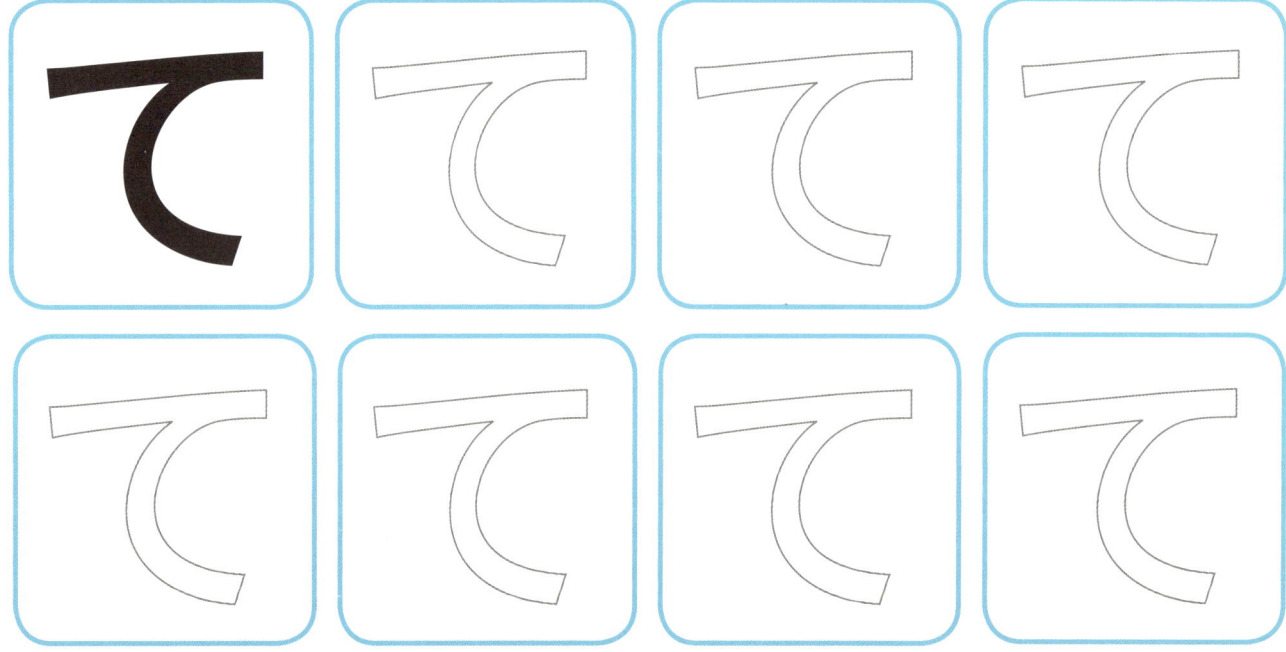

단어를 큰소리로 읽고 히라가나를 예쁘게 색칠해요.

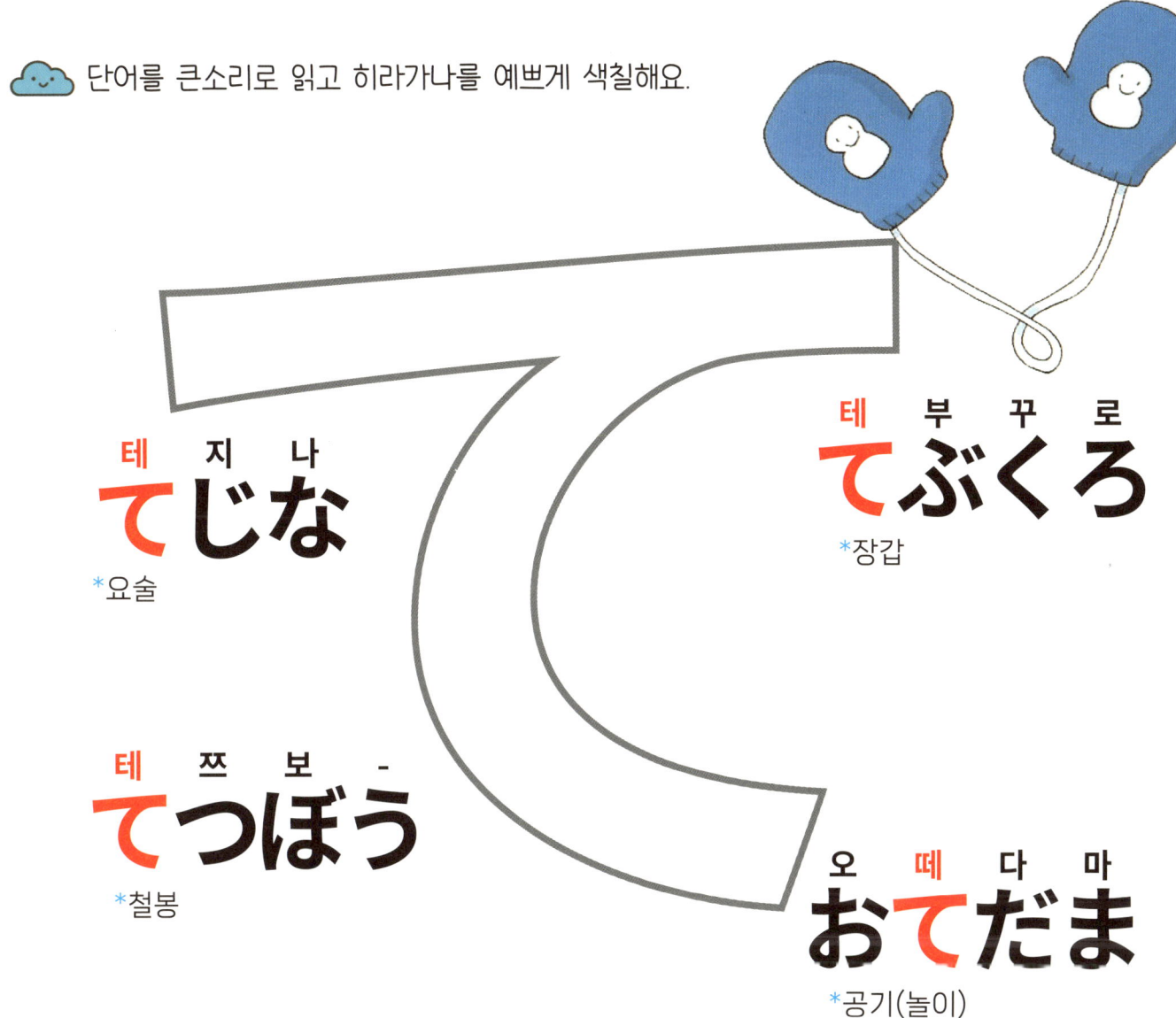

테 지 나
てじな
*요술

테 부 꾸 로
てぶくろ
*장갑

테 쯔 보-
てつぼう
*철봉

오 떼 다 마
おてだま
*공기(놀이)

히라가나를 보지 말고 또박또박 써보세요.

토 [to]

손가락으로 화살표를 따라 그려보고 연필로 써보세요.

* と는 단어의 첫 음절이 아닌 중간이나 끝에 오면 '또'로 발음해요.

히라가나를 보고 천천히 따라 써보세요.

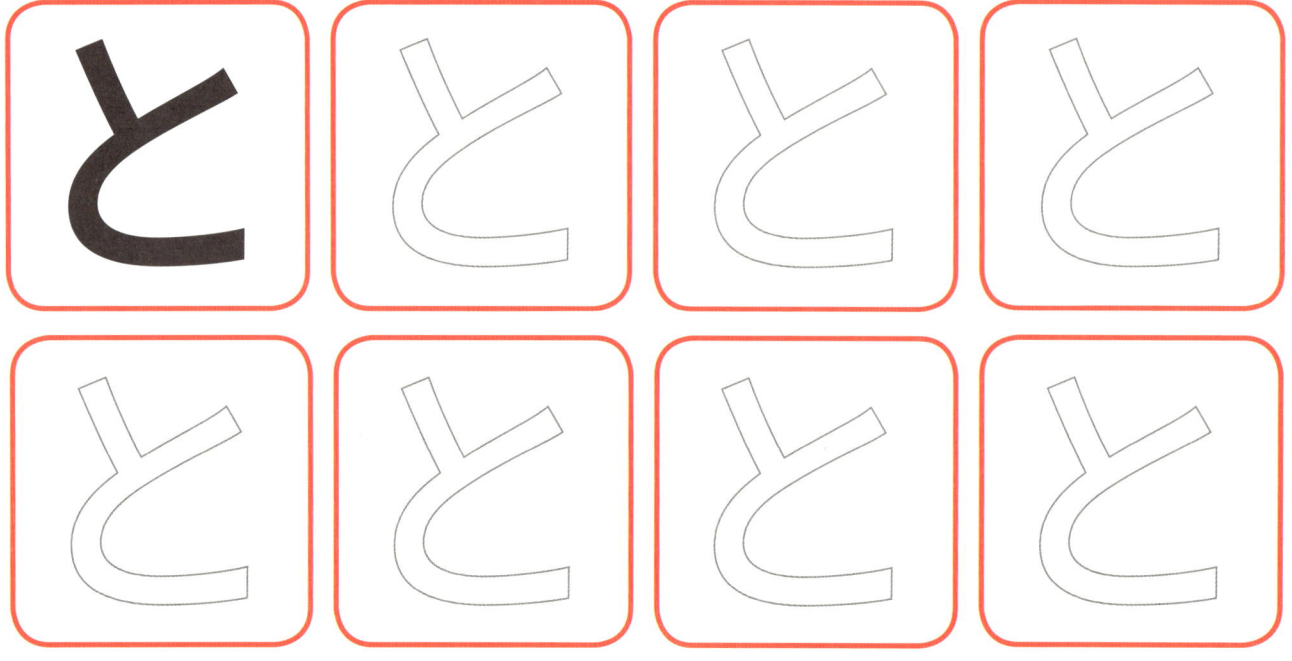

☁️ 단어를 큰소리로 읽고 히라가나를 예쁘게 색칠해요.

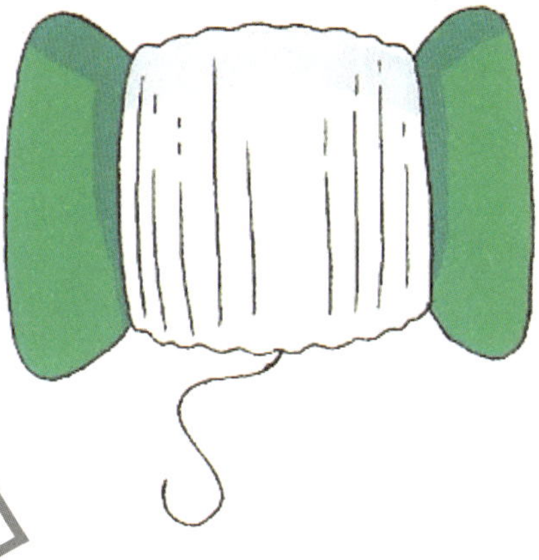

토 라
とら
*호랑이

토 께 -
とけい
*시계

토 까 게
とかげ
*도마뱀

이 또
いと
*실

と

🐱 히라가나를 보지 말고 또박또박 써보세요.

다음 히라가나를 보고 알맞는 발음을 선으로 연결해보세요.

た ・　　　　　　・ 토
ち ・　　　　　　・ 테
っ ・　　　　　　・ 치
て ・　　　　　　・ 타
と ・　　　　　　・ 츠

🍦 다음 발음을 보고 알맞는 히라가나에 동그라미를 치세요

테 [te] 　　た　ち　っ　て　と

츠 [tsu] 　　た　ち　っ　て　と

타 [ta] 　　た　ち　っ　て　と

치 [chi] 　　た　ち　っ　て　と

토 [to] 　　た　ち　っ　て　と

다음 발음을 듣고 그림에 알맞는 단어를 선으로 연결해보세요.

다음 발음에 알맞는 히라가나를 네모 칸에 써넣으세요.

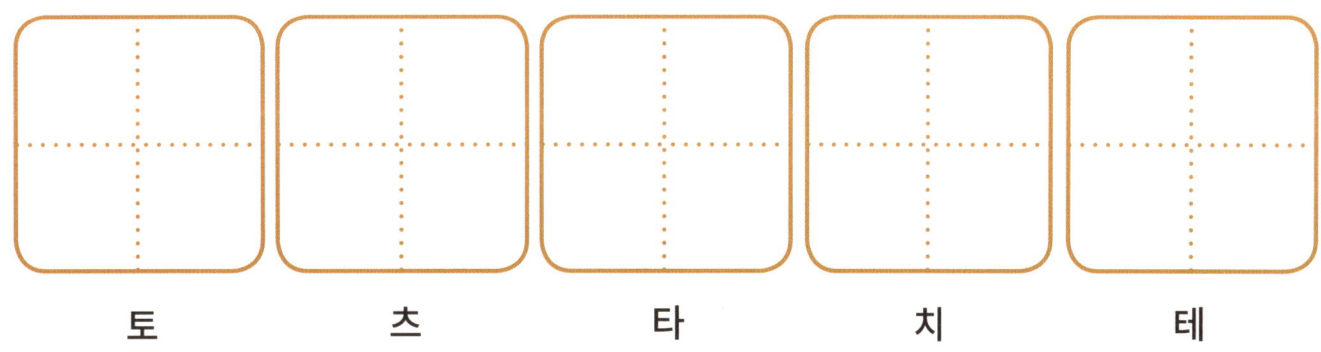

토　　츠　　타　　치　　테

나 [na]

손가락으로 화살표를 따라 그려보고 연필로 써보세요.

히라가나를 보고 천천히 따라 써보세요.

な	な	な	な
な	な	な	な

단어를 큰소리로 읽고 히라가나를 예쁘게 색칠해요.

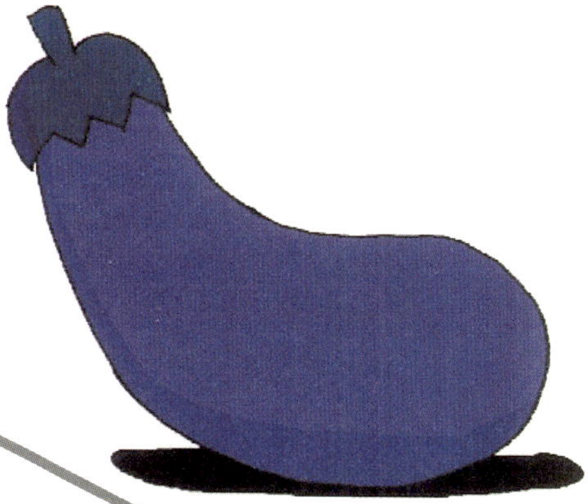

なべ
*냄비

なす
*가지

なみだ
*눈물

なまえ
*이름

히라가나를 보지 말고 또박또박 써보세요.

に
[ni]

손가락으로 화살표를 따라 그려보고 연필로 써보세요.

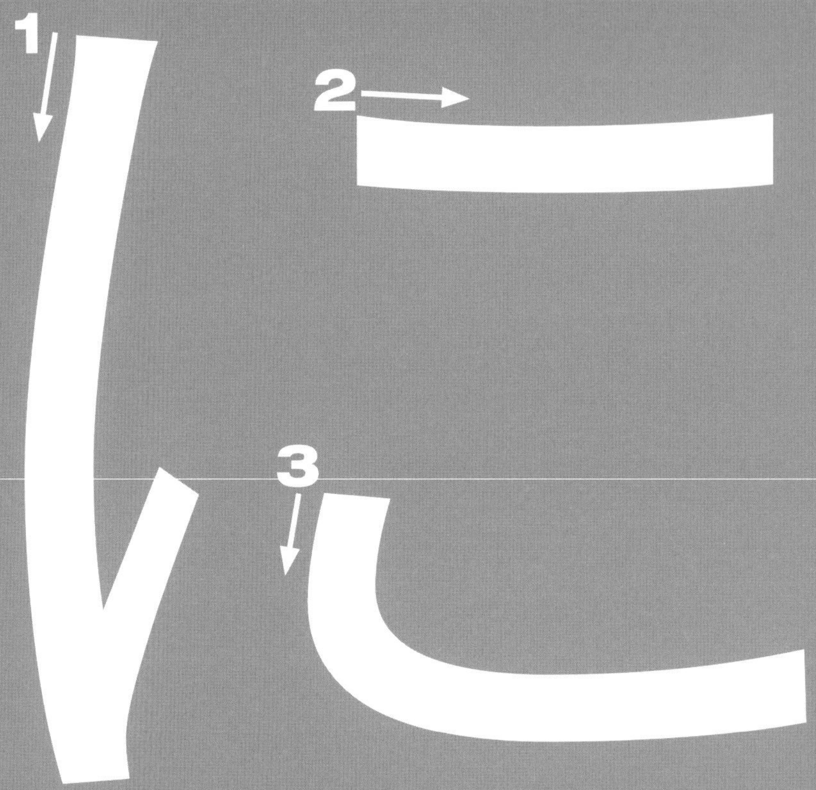

히라가나를 보고 천천히 따라 써보세요.

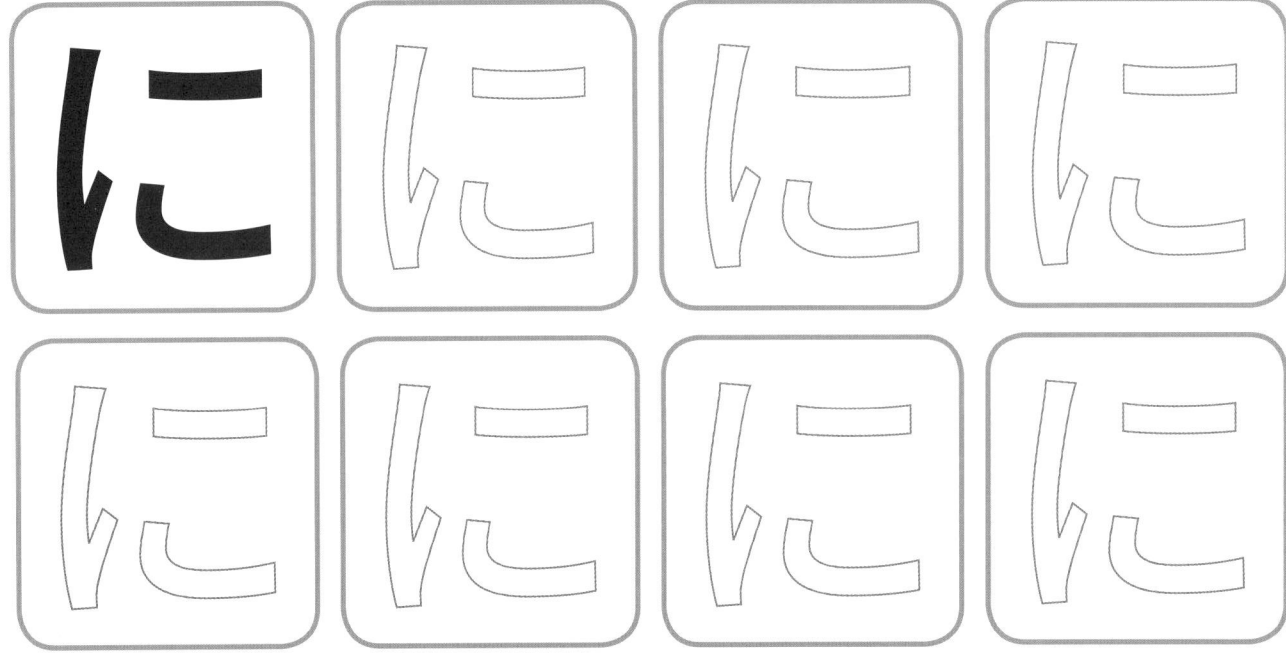

☁️ 단어를 큰소리로 읽고 히라가나를 예쁘게 색칠해요.

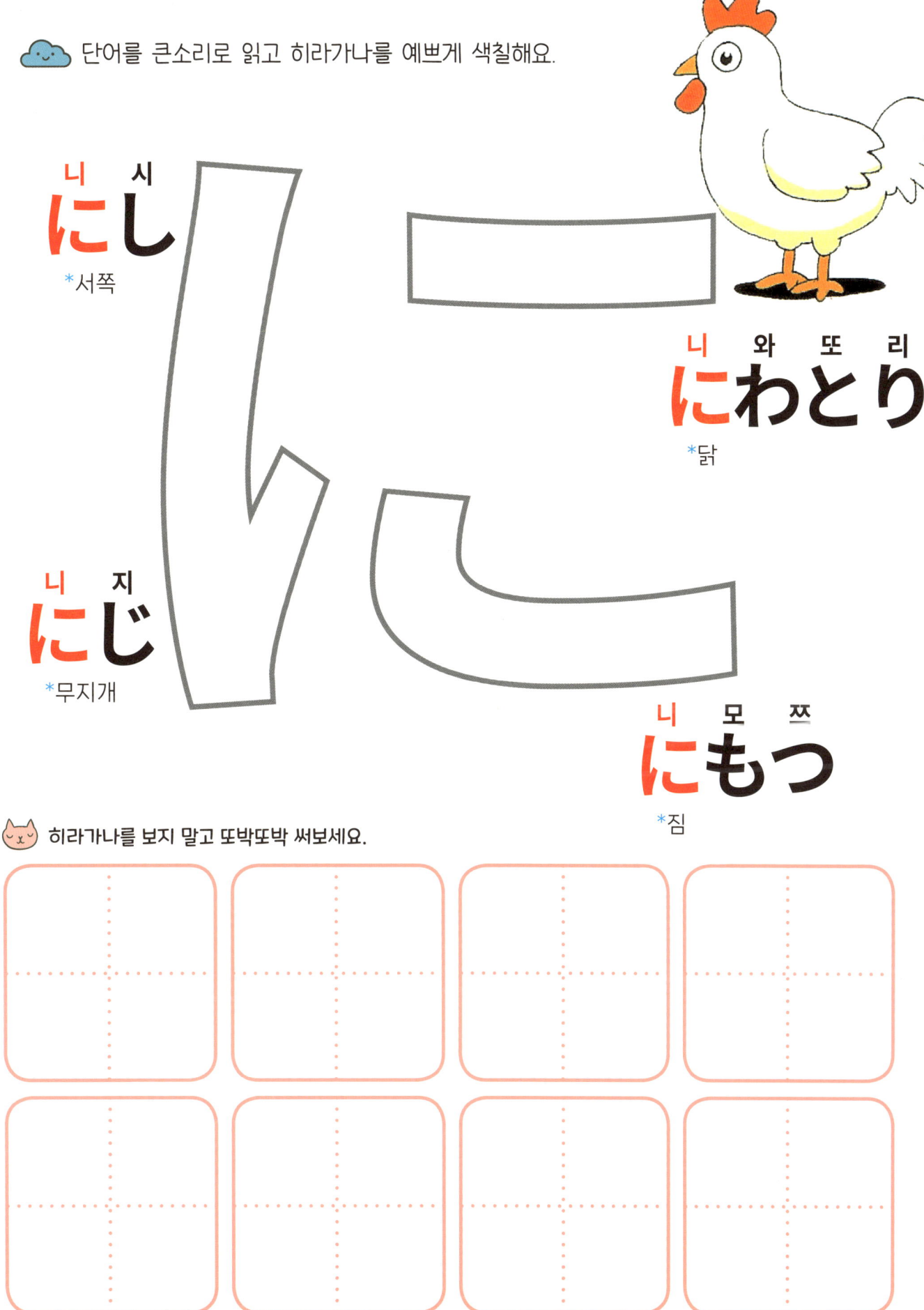

니 시
にし
*서쪽

니 와 또 리
にわとり
*닭

니 지
にじ
*무지개

니 모 쯔
にもつ
*짐

🐱 히라가나를 보지 말고 또박또박 써보세요.

누
[nu]

손가락으로 화살표를 따라 그려보고 연필로 써보세요.

ぬ

히라가나를 보고 천천히 따라 써보세요.

🌥 단어를 큰소리로 읽고 히라가나를 예쁘게 색칠해요.

누마
ぬま
*늪

누리에
ぬりえ
*색칠그림

이누
い**ぬ**
*개

누스비또
ぬすびと
*도둑

🐱 히라가나를 보지 말고 또박또박 써보세요.

손가락으로 화살표를 따라 그려보고 연필로 써보세요.

ね
네
[ne]

히라가나를 보고 천천히 따라 써보세요.

☁ 단어를 큰소리로 읽고 히라가나를 예쁘게 색칠해요.

네기
ねぎ
*파

네지
ねじ
*나사

네꼬
ねこ
*고양이

네즈미
ねずみ
*쥐

🐱 히라가나를 보지 말고 또박또박 써보세요.

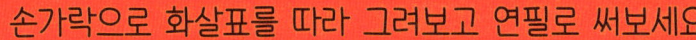 손가락으로 화살표를 따라 그려보고 연필로 써보세요.

[no]

 히라가나를 보고 천천히 따라 써보세요.

단어를 큰소리로 읽고 히라가나를 예쁘게 색칠해요.

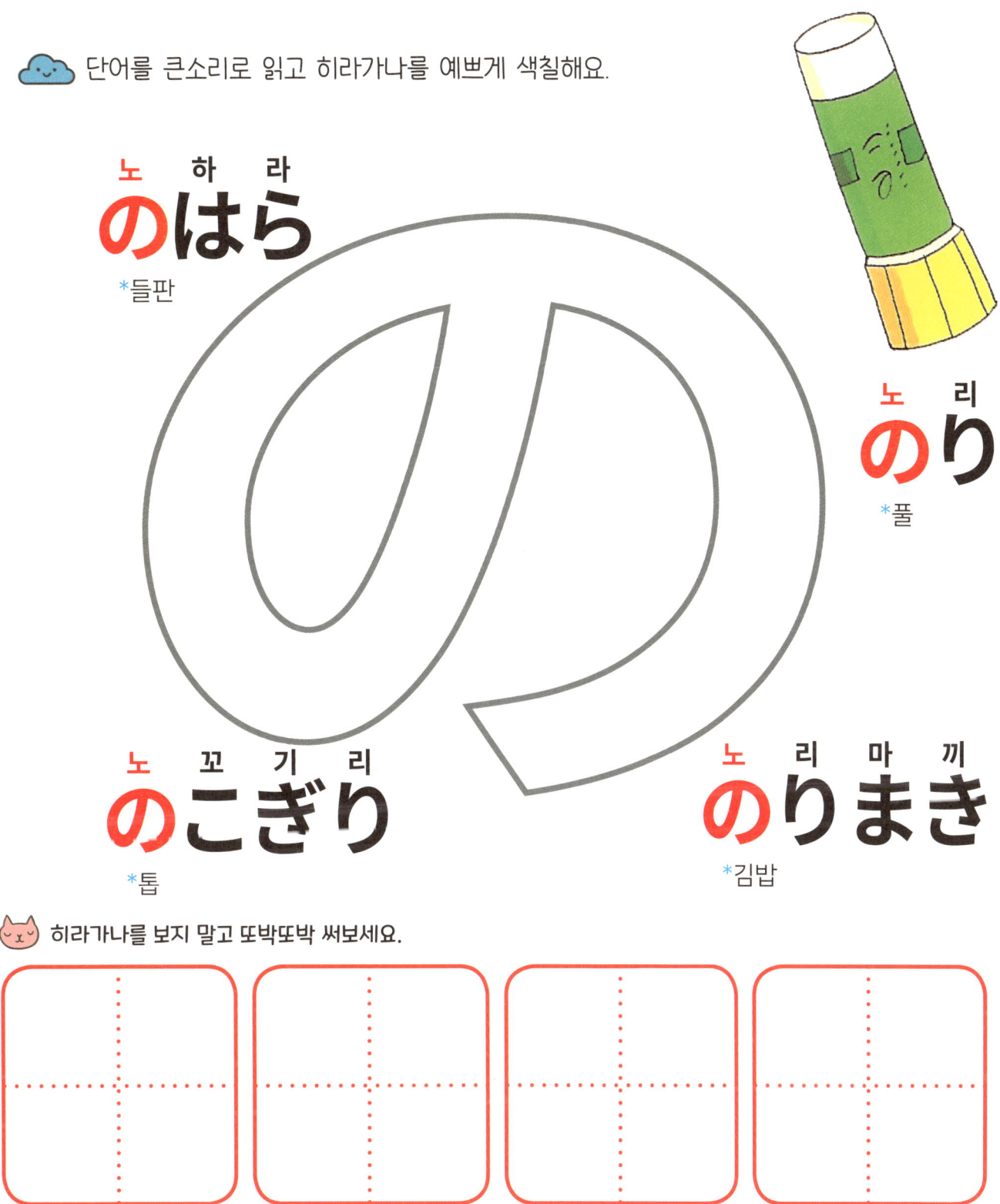

노 하 라
のはら
*들판

노 리
のり
*풀

노 꼬 기 리
のこぎり
*톱

노 리 마 끼
のりまき
*김밥

히라가나를 보지 말고 또박또박 써보세요.

다음 히라가나를 보고 알맞는 발음을 선으로 연결해보세요.

な ・　　　　　　　・ 노
に ・　　　　　　　・ 네
ぬ ・　　　　　　　・ 니
ね ・　　　　　　　・ 나
の ・　　　　　　　・ 누

다음 발음을 보고 알맞는 히라가나에 동그라미를 치세요

누 [nu]　　な　に　ぬ　ね　の

네 [ne]　　な　に　ぬ　ね　の

나 [na]　　な　に　ぬ　ね　の

노 [no]　　な　に　ぬ　ね　の

니 [ni]　　な　に　ぬ　ね　の

다음 발음을 듣고 그림에 알맞는 단어를 선으로 연결해보세요.

다음 발음에 알맞는 히라가나를 네모 칸에 써넣으세요.

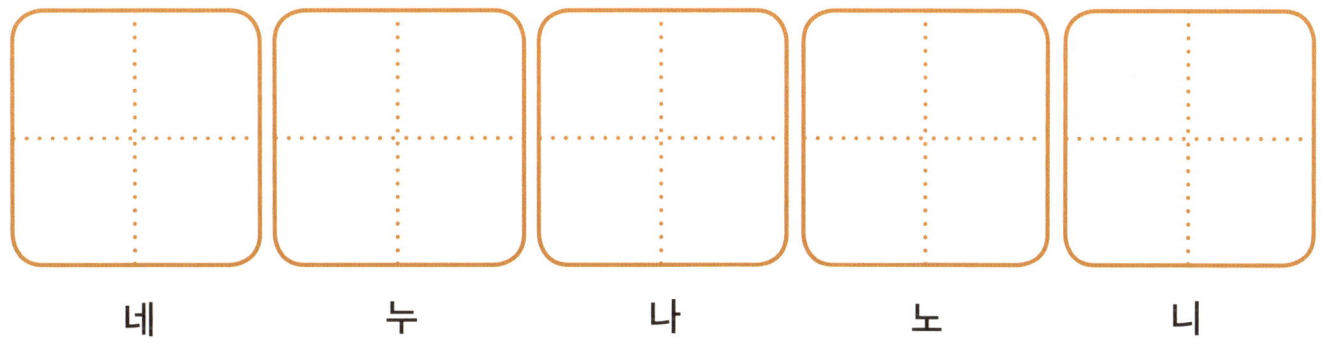

☀️ 손가락으로 화살표를 따라 그려보고 연필로 써보세요.

は
하
[ha]

🐱 히라가나를 보고 천천히 따라 써보세요.

☁️ 단어를 큰소리로 읽고 히라가나를 예쁘게 색칠해요.

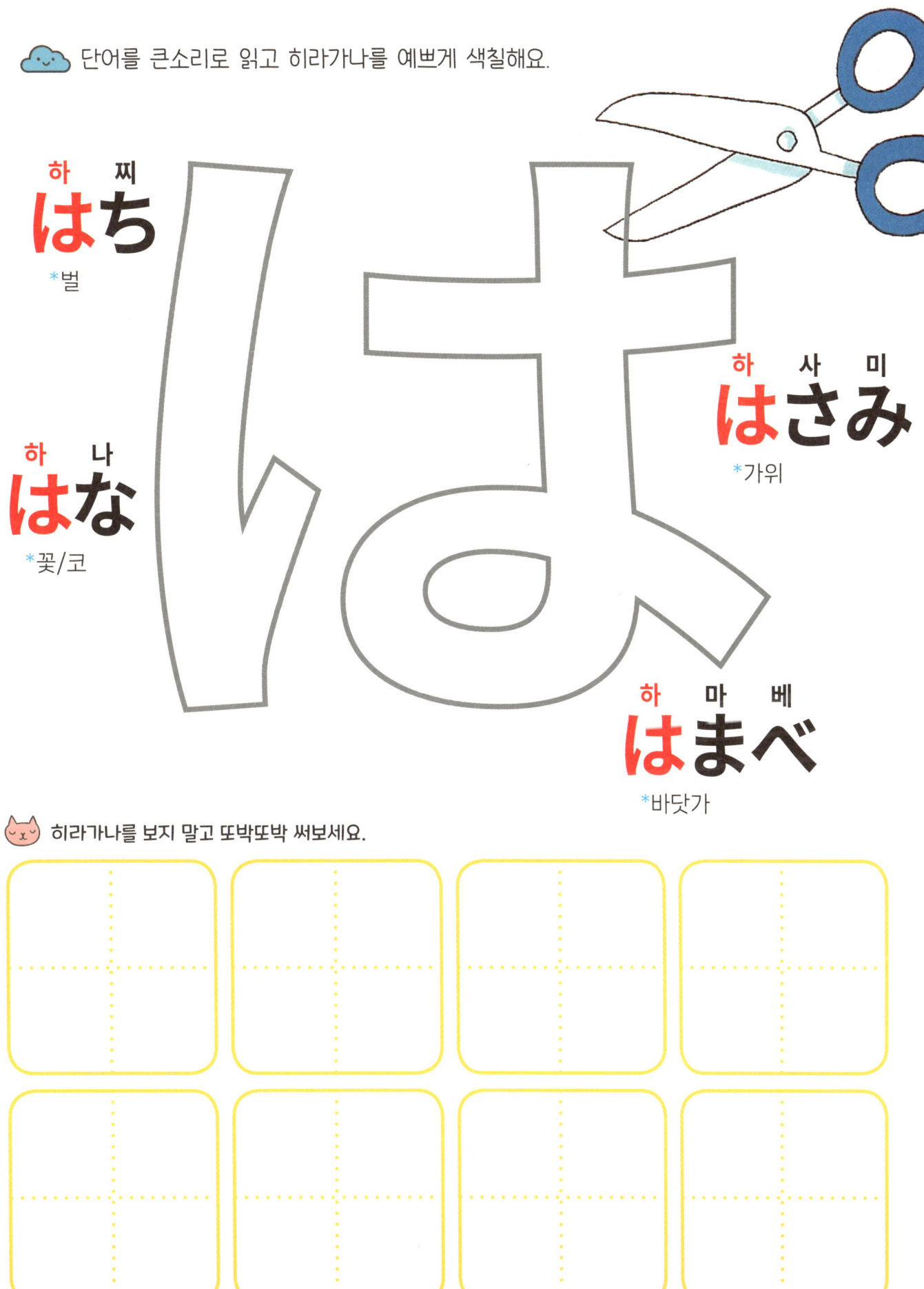

하 찌
はち
*벌

하 나
はな
*꽃/코

하 사 미
はさみ
*가위

하 마 베
はまべ
*바닷가

🐱 히라가나를 보지 말고 또박또박 써보세요.

손가락으로 화살표를 따라 그려보고 연필로 써보세요.

히

[hi]

1

ひ

히라가나를 보고 천천히 따라 써보세요.

ひ ひ ひ ひ

ひ ひ ひ ひ

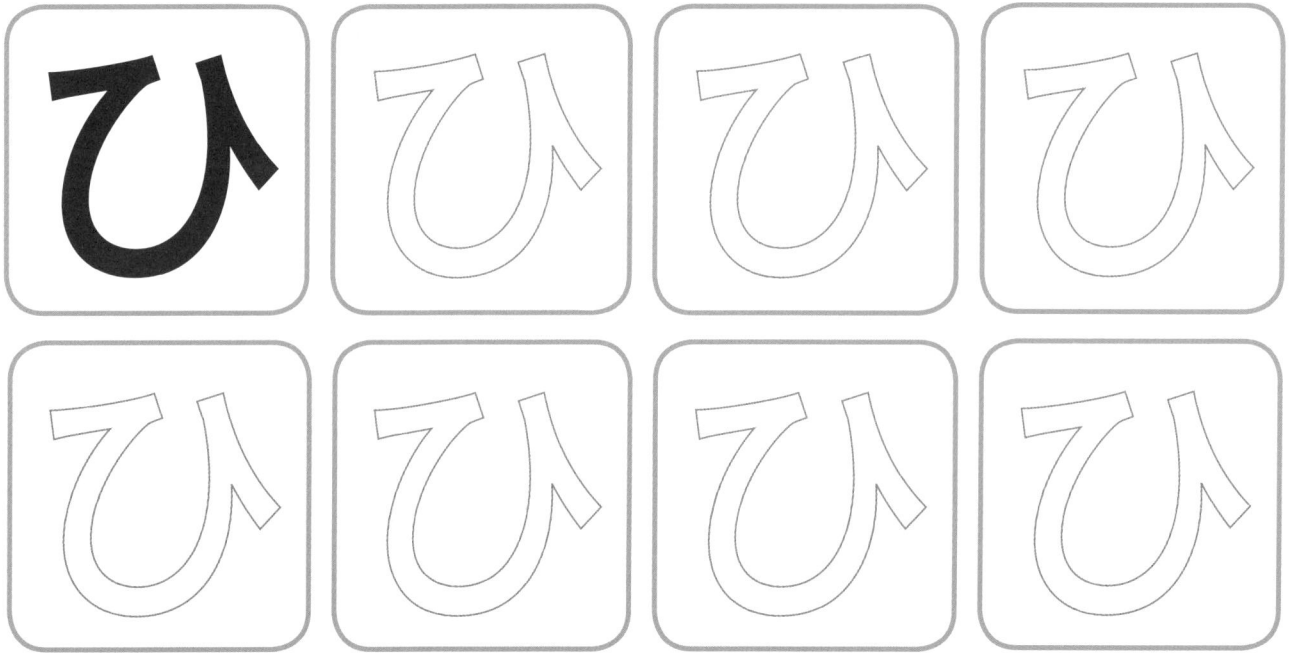

단어를 큰소리로 읽고 히라가나를 예쁘게 색칠해요.

ひ

히 쯔 지
ひつじ
*양

히 요 꼬
ひよこ
*병아리

히 마 와 리
ひまわり
*해바라기

히 꼬 - 끼
ひこうき
*비행기

히라가나를 보지 말고 또박또박 써보세요.

🌅 손가락으로 화살표를 따라 그려보고 연필로 써보세요.

후
[fu]

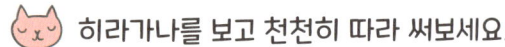

*fu로 표기하지만 읽을 때는 '후(hu)'로 발음해요.

🐱 히라가나를 보고 천천히 따라 써보세요.

☁️ 단어를 큰소리로 읽고 히라가나를 예쁘게 색칠해요.

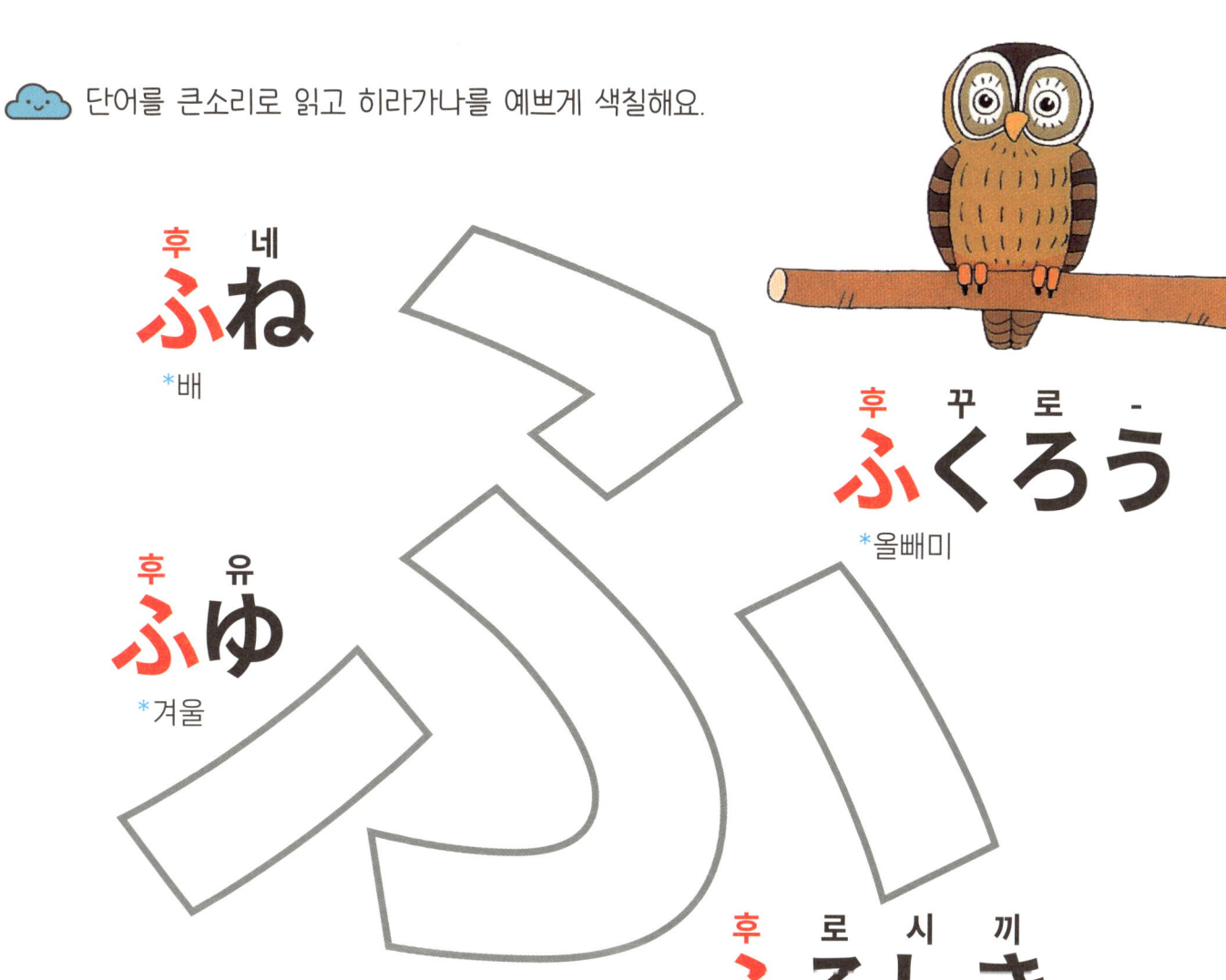

후 네
ふね
*배

후 꾸 로 -
ふくろう
*올빼미

후 유
ふゆ
*겨울

후 로 시 끼
ふろしき
*보자기

🐱 히라가나를 보지 말고 또박또박 써보세요.

☀️ 손가락으로 화살표를 따라 그려보고 연필로 써보세요.

헤
[he]

 히라가나를 보고 천천히 따라 써보세요.

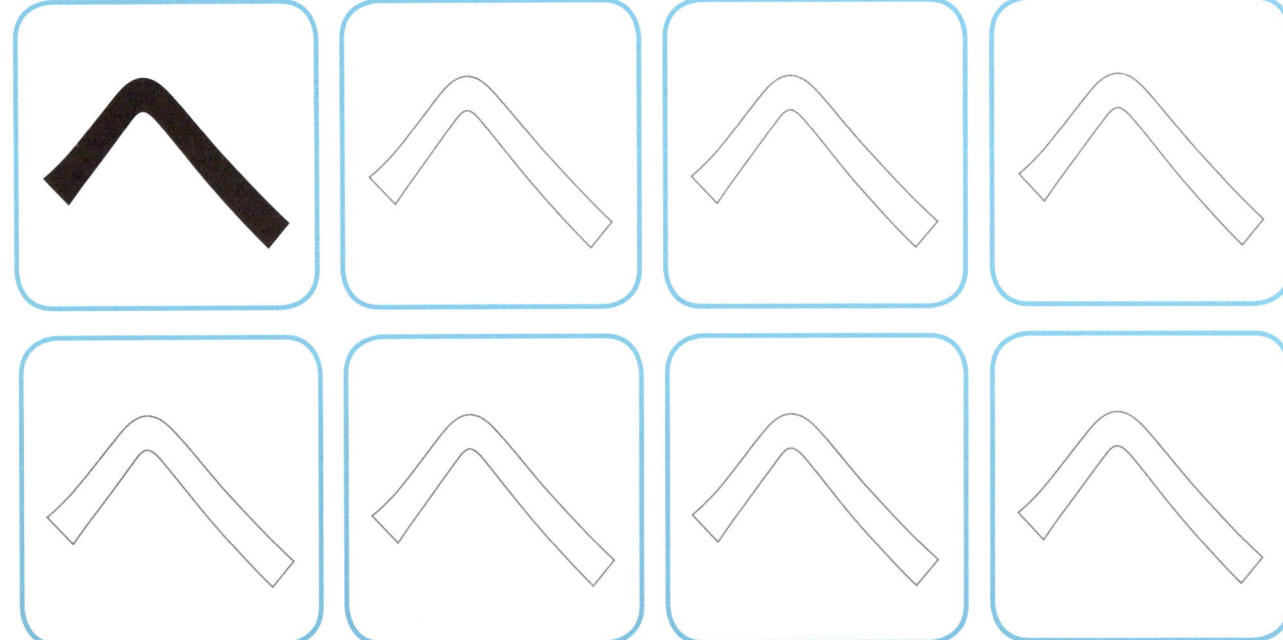

☁️ 단어를 큰소리로 읽고 히라가나를 예쁘게 색칠해요.

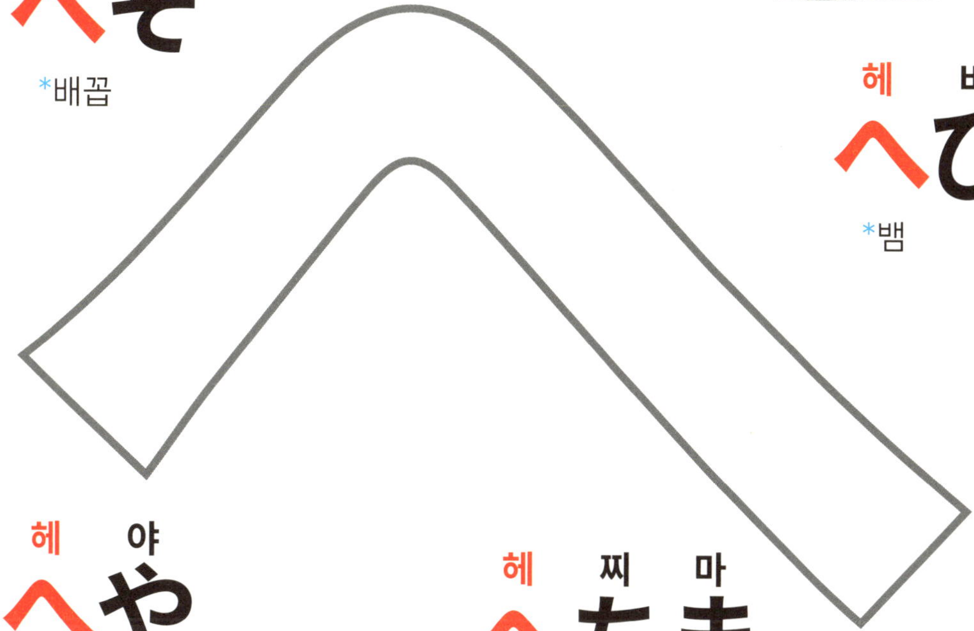

헤 소
へそ
*배꼽

헤 비
へび
*뱀

헤 야
へや
*방

헤 찌 마
へちま
*수세미외

🐱 히라가나를 보지 말고 또박또박 써보세요.

손가락으로 화살표를 따라 그려보고 연필로 써보세요.

호

[ho]

1 2 3 4

ほ

히라가나를 보고 천천히 따라 써보세요.

ほ ほ ほ ほ

ほ ほ ほ ほ

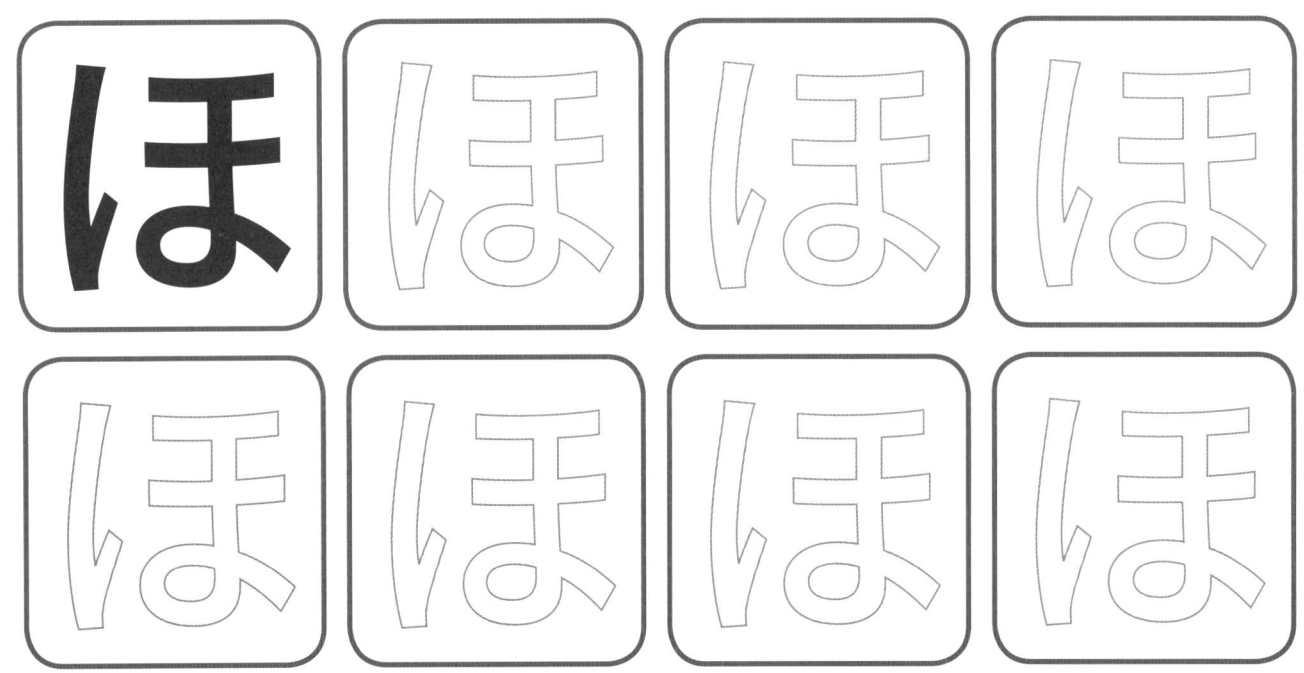

단어를 큰소리로 읽고 히라가나를 예쁘게 색칠해요.

호 따 루
ほたる
*반딧불이

호 시
ほし
*별

호 네
ほね
*뼈

호 라 아 나
ほらあな
*동굴

히라가나를 보지 말고 또박또박 써보세요.

다음 히라가나를 보고 알맞는 발음을 선으로 연결해보세요.

は　　　　　　　　호
い　　　　　　　　헤
ふ　　　　　　　　히
へ　　　　　　　　하
ほ　　　　　　　　후

다음 발음을 보고 알맞는 히라가나에 동그라미를 치세요

히 [hi]　　は　い　ふ　へ　ほ

호 [ho]　　は　い　ふ　へ　ほ

하 [ha]　　は　い　ふ　へ　ほ

헤 [he]　　は　い　ふ　へ　ほ

후 [fu]　　は　い　ふ　へ　ほ

다음 발음을 듣고 그림에 알맞는 단어를 선으로 연결해보세요.

다음 발음에 알맞는 히라가나를 네모 칸에 써넣으세요.

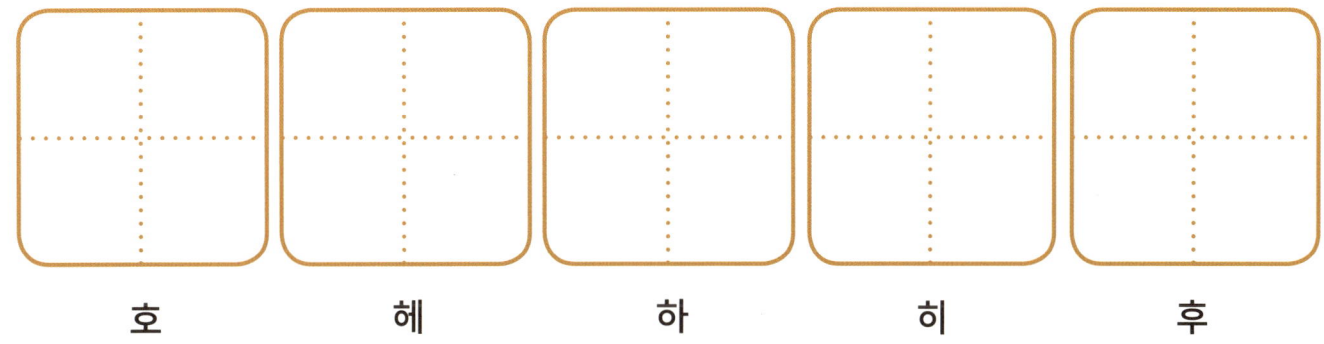

| 호 | 헤 | 하 | 히 | 후 |

☀️ 손가락으로 화살표를 따라 그려보고 연필로 써보세요.

마
[ma]

🐱 히라가나를 보고 천천히 따라 써보세요.

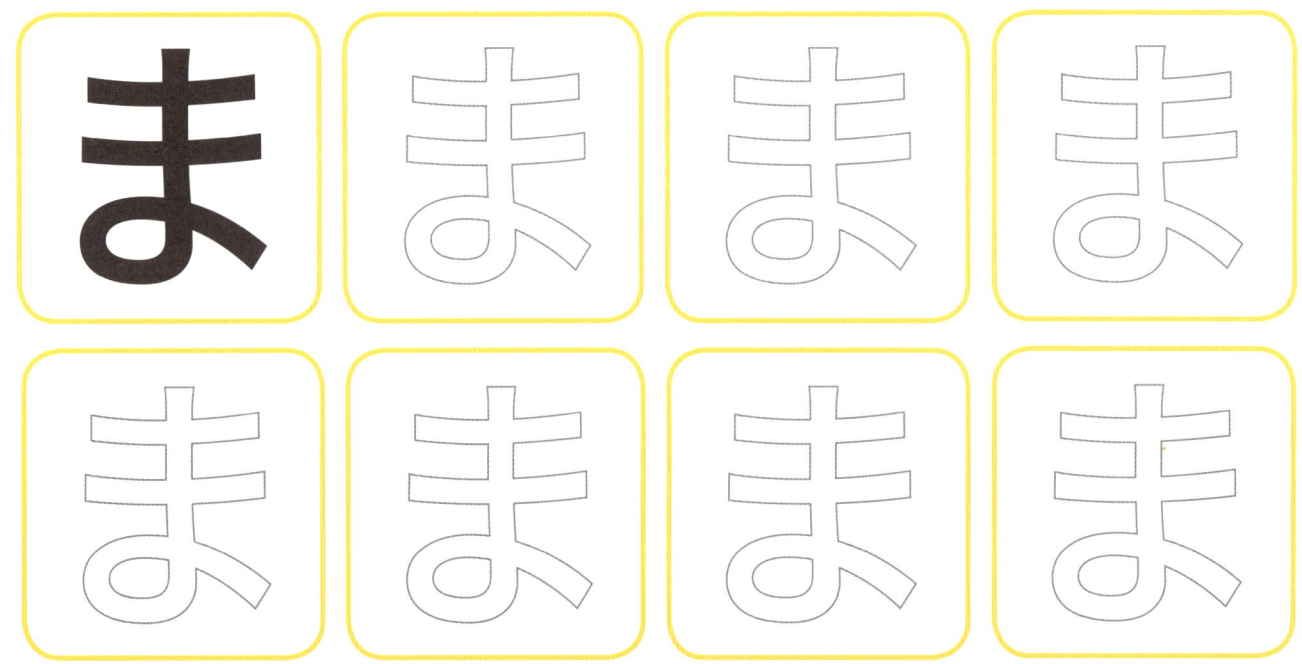

단어를 큰소리로 읽고 히라가나를 예쁘게 색칠해요.

마 메
まめ
*콩

우 마
う**ま**
*말

마 도
まど
*창문

마 꾸 라
まくら
*베개

ま

히라가나를 보지 말고 또박또박 써보세요.

미 [mi]

손가락으로 화살표를 따라 그려보고 연필로 써보세요.

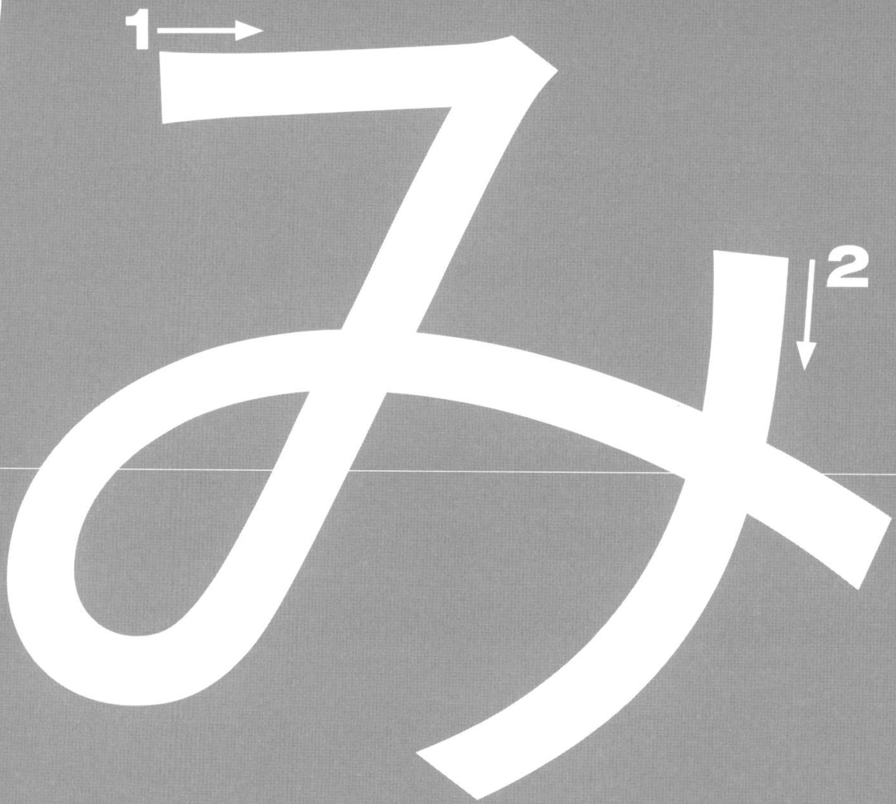

히라가나를 보고 천천히 따라 써보세요.

단어를 큰소리로 읽고 히라가나를 예쁘게 색칠해요.

미 도 리
みどり
*녹색

미 깡
みかん
*귤

み

미 찌
みち
*길

미 나 미
みなみ
*남쪽

히라가나를 보지 말고 또박또박 써보세요.

☀️ 손가락으로 화살표를 따라 그려보고 연필로 써보세요.

무
[mu]

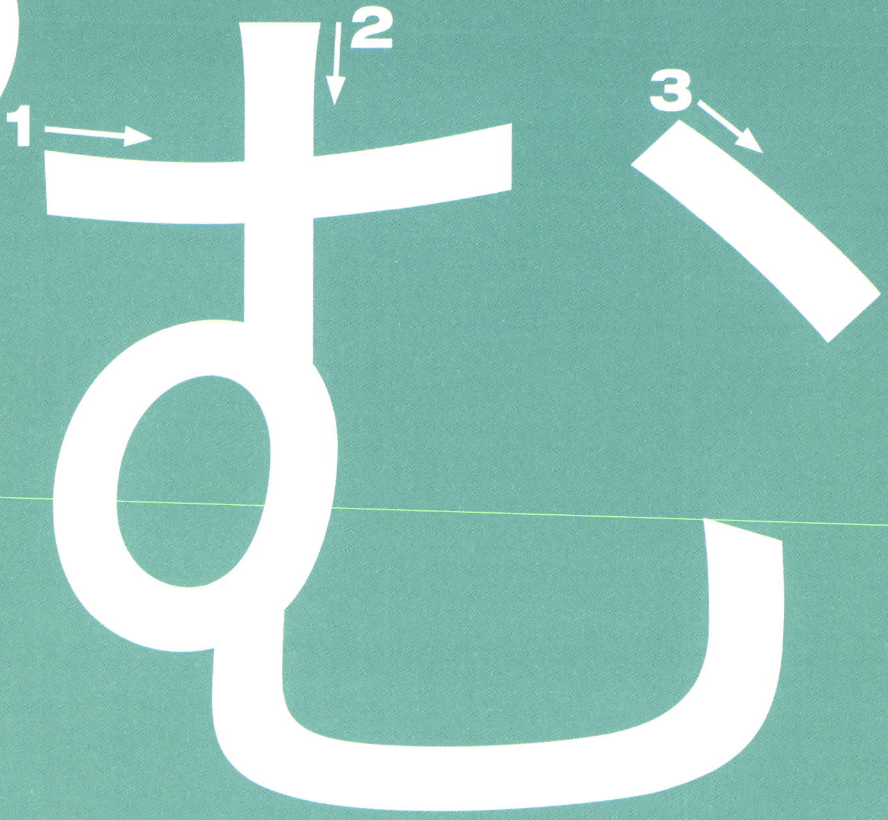

む

🐱 히라가나를 보고 천천히 따라 써보세요.

단어를 큰소리로 읽고 히라가나를 예쁘게 색칠해요.

무 기
むぎ
*보리

무 시
むし
*벌레

무 까 데
むかで
*시네(벌레)

무 네
むね
*가슴

히라가나를 보지 말고 또박또박 써보세요.

메
[me]

손가락으로 화살표를 따라 그려보고 연필로 써보세요.

히라가나를 보고 천천히 따라 써보세요.

🌥 단어를 큰소리로 읽고 히라가나를 예쁘게 색칠해요.

메
め
*눈

메 다 까
めだか
*송사리

메 모 리
めもり
*(저울) 눈금

메 가 네
めがね
*안경

🐱 히라가나를 보지 말고 또박또박 써보세요.

손가락으로 화살표를 따라 그려보고 연필로 써보세요.

모
[mo]

히라가나를 보고 천천히 따라 써보세요.

단어를 큰소리로 읽고 히라가나를 예쁘게 색칠해요.

も

모 모
もも
*복숭아

모 미 지
もみじ
*단풍

모 찌
もち
*떡

모 구 라
もぐら
*두더지

히라가나를 보지 말고 또박또박 써보세요.

다음 히라가나를 보고 알맞는 발음을 선으로 연결해보세요.

ま ・　　　・ 마
み ・　　　・ 모
む ・　　　・ 미
め ・　　　・ 무
も ・　　　・ 메

다음 발음을 보고 알맞는 히라가나에 동그라미를 치세요

모 [mo]　　ま　み　む　め　も

메 [me]　　ま　み　む　め　も

마 [ma]　　ま　み　む　め　も

무 [mu]　　ま　み　む　め　も

미 [mi]　　ま　み　む　め　も

다음 발음을 듣고 그림에 알맞는 단어를 선으로 연결해보세요.

 다음 발음에 알맞는 히라가나를 네모 칸에 써넣으세요.

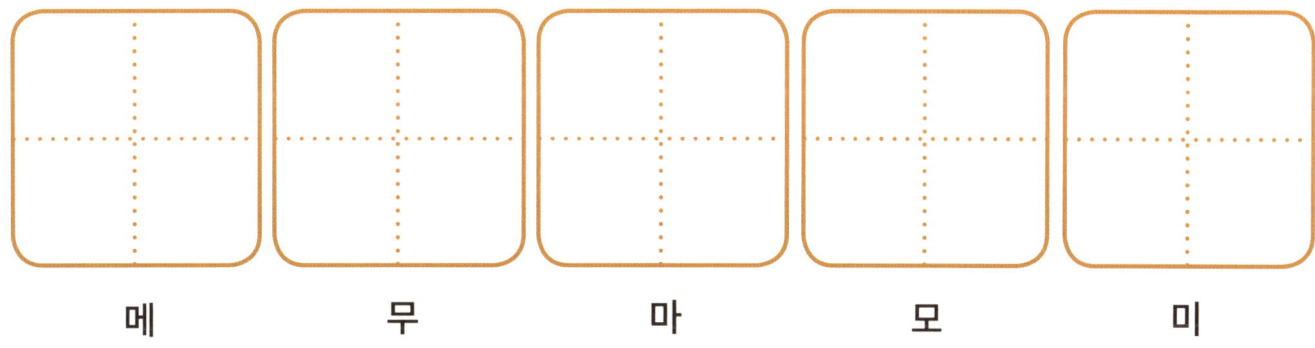

라 [ra]

손가락으로 화살표를 따라 그려보고 연필로 써보세요.

히라가나를 보고 천천히 따라 써보세요.

☁️ 단어를 큰소리로 읽고 히라가나를 예쁘게 색칠해요.

라 꾸 가 끼
らくがき
*낙서

라 꾸 다
らくだ
*낙타

랍 빠
らっぱ
*나팔

라 심 방
らしんばん
*나침반

🐱 히라가나를 보지 말고 또박또박 써보세요.

손가락으로 화살표를 따라 그려보고 연필로 써보세요.

리 [ri]

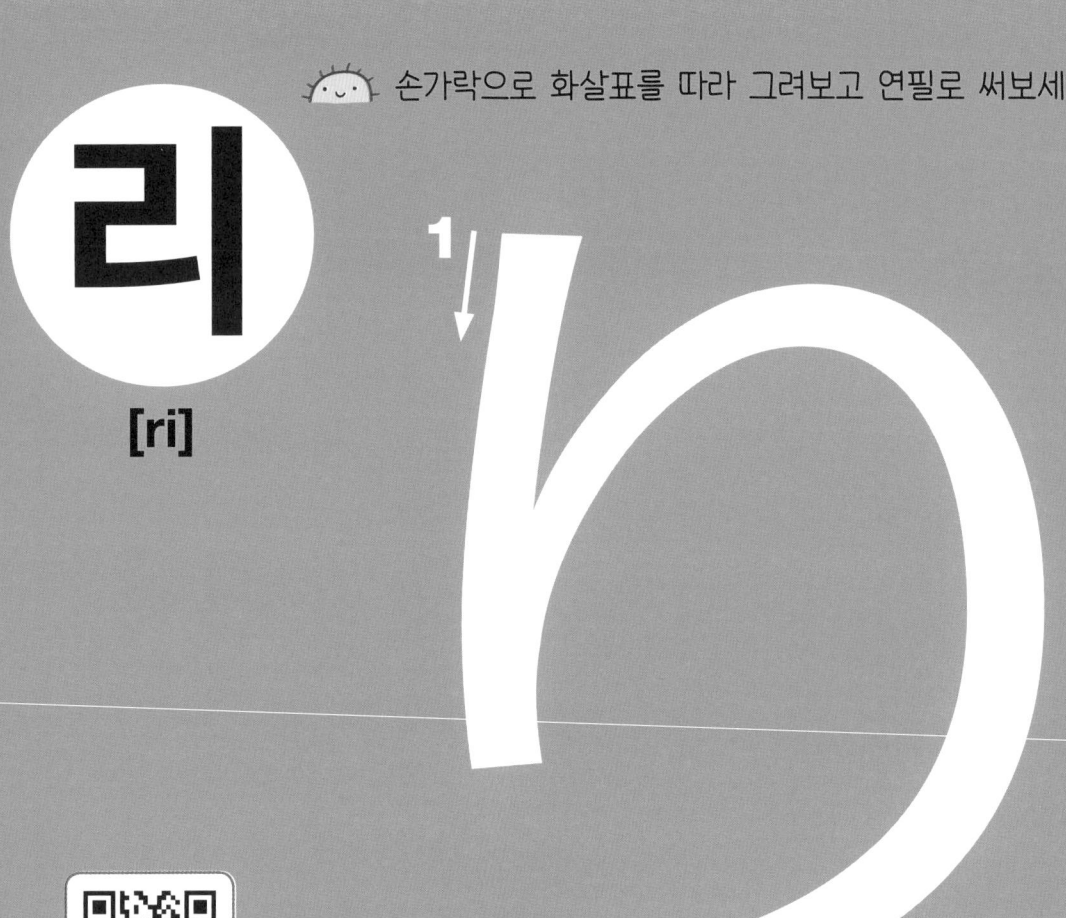

히라가나를 보고 천천히 따라 써보세요.

☁ 단어를 큰소리로 읽고 히라가나를 예쁘게 색칠해요.

리 하 쯔
りはつ
*이발

리 스
りす
*다람쥐

리 끼 시
りきし
*씨름꾼(스모선수)

링 고
りんご
*사과

🐱 히라가나를 보지 말고 또박또박 써보세요.

😊 손가락으로 화살표를 따라 그려보고 연필로 써보세요.

루
[ru]

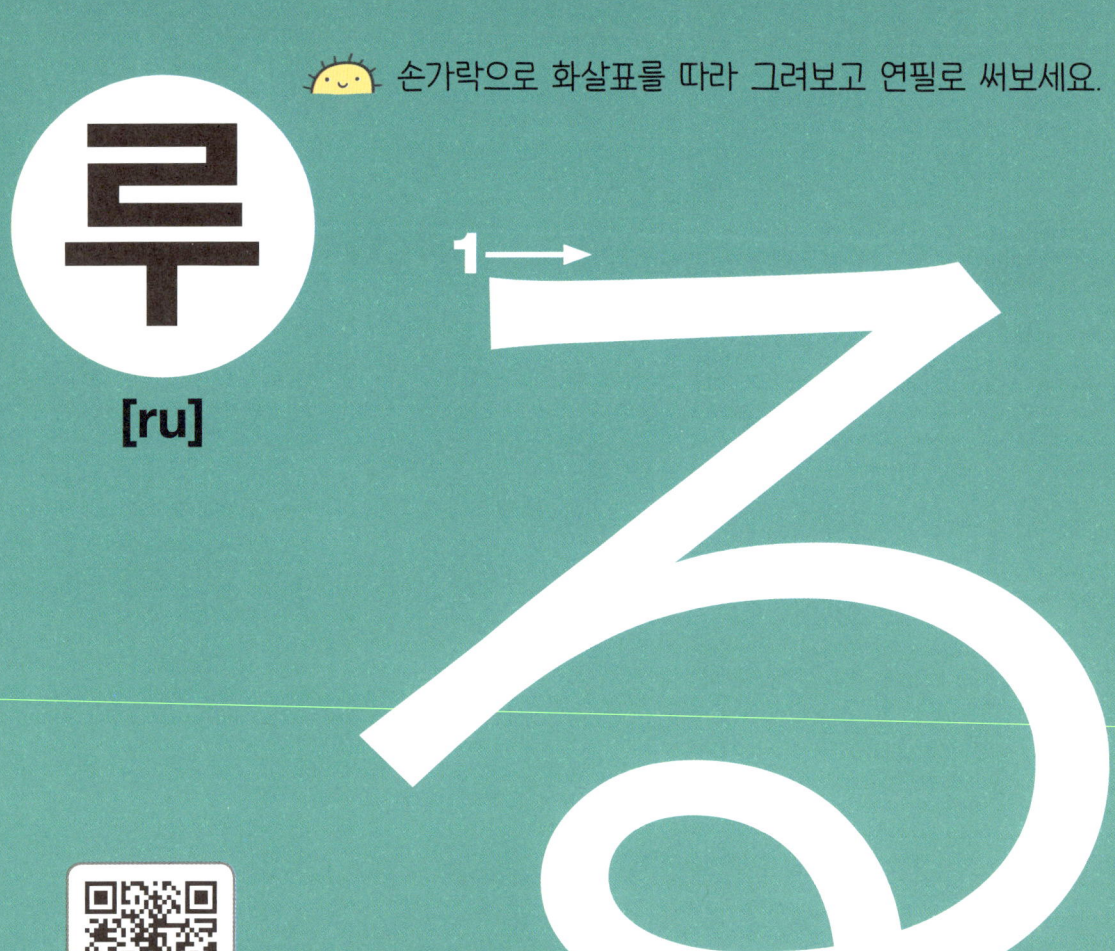

🐱 히라가나를 보고 천천히 따라 써보세요.

단어를 큰소리로 읽고 히라가나를 예쁘게 색칠해요.

하 루
はる
*봄

요 루
よる
*밤

히 루
ひる
*낮

루 스 방
るすばん
*집보기

히라가나를 보지 말고 또박또박 써보세요.

☀️ 손가락으로 화살표를 따라 그려보고 연필로 써보세요.

레
[re]

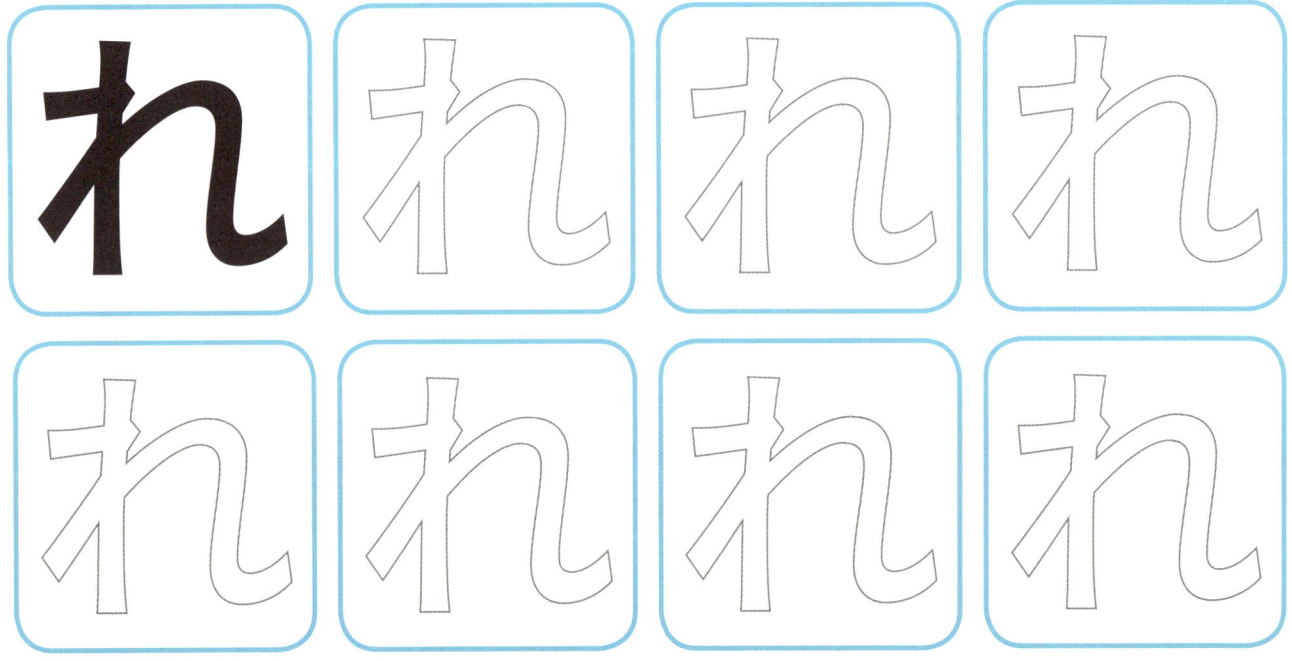

🐱 히라가나를 보고 천천히 따라 써보세요.

단어를 큰소리로 읽고 히라가나를 예쁘게 색칠해요.

레 끼 시
れきし
*역사

레 - 조 - 꼬
れいぞうこ
*냉장고

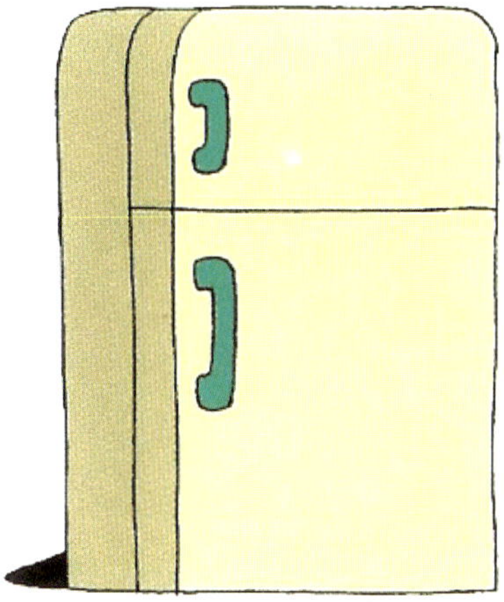

레 쯔
れつ
*열(줄)

렝 가
れんが
*벽돌

れ

 히라가나를 보지 말고 또박또박 써보세요.

🌅 손가락으로 화살표를 따라 그려보고 연필로 써보세요.

로 [ro]

🐱 히라가나를 보고 천천히 따라 써보세요.

☁️ 단어를 큰소리로 읽고 히라가나를 예쁘게 색칠해요.

로-까
ろうか
*복도

로-소꾸
ろうそく
*초

로센즈
ろせんず
*노선도

로바
ろば
*당나귀

🐱 히라가나를 보지 말고 또박또박 써보세요.

101

다음 히라가나를 보고 알맞은 발음을 선으로 연결해보세요.

ら •   • 로
り •   • 레
る •   • 리
れ •   • 라
ろ •   • 루

🍦 다음 발음을 보고 알맞은 히라가나에 동그라미를 치세요

라 [ra]   ら   り   る   れ   ろ

루 [ru]   ら   り   る   れ   ろ

리 [ri]   ら   り   る   れ   ろ

로 [ro]   ら   り   る   れ   ろ

레 [re]   ら   り   る   れ   ろ

 다음 발음을 듣고 그림에 알맞는 단어를 선으로 연결해보세요.

다음 발음에 알맞는 히라가나를 네모 칸에 써넣으세요.

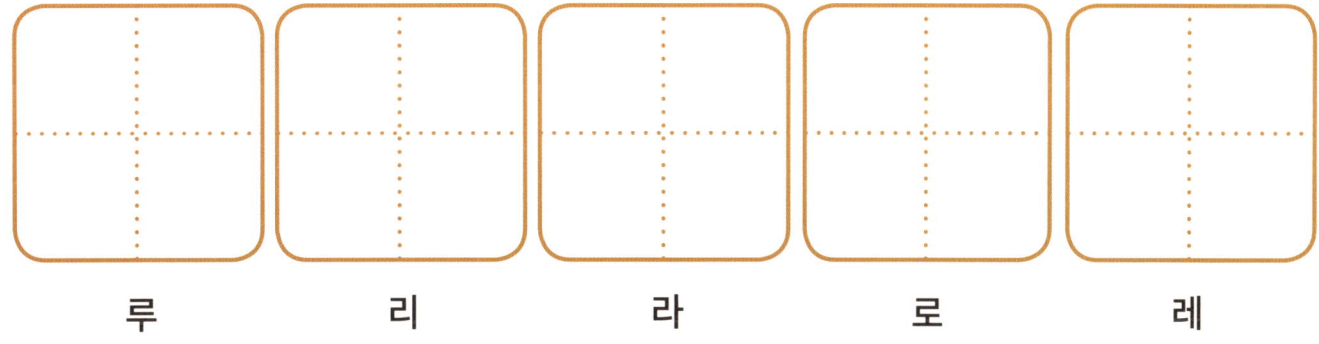

루 　 리 　 라 　 로 　 레

🌞 손가락으로 화살표를 따라 그려보고 연필로 써보세요.

야
[ya]

や

🐱 히라가나를 보고 천천히 따라 써보세요.

단어를 큰소리로 읽고 히라가나를 예쁘게 색칠해요.

や

야기
やぎ
*염소

야깡
やかん
*주전자

야사이
やさい
*채소

야마
やま
*산

히라가나를 보지 말고 또박또박 써보세요.

🌅 손가락으로 화살표를 따라 그려보고 연필로 써보세요.

유
[yu]

🐱 히라가나를 보고 천천히 따라 써보세요.

단어를 큰소리로 읽고 히라가나를 예쁘게 색칠해요.

유 미
ゆみ
*활

유 끼 다 루 마
ゆきだるま
*눈사람

유 메
ゆめ
*꿈

유 비 와
ゆびわ
*반지

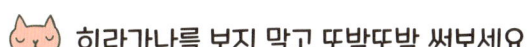 히라가나를 보지 말고 또박또박 써보세요.

요
[yo]

☀️ 손가락으로 화살표를 따라 그려보고 연필로 써보세요.

よ

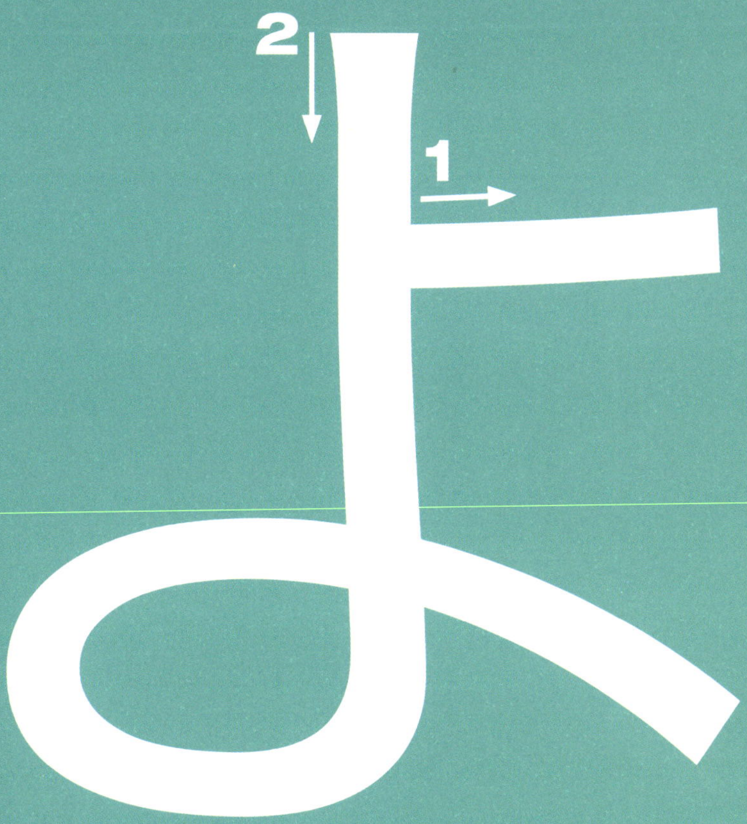

🐱 히라가나를 보고 천천히 따라 써보세요.

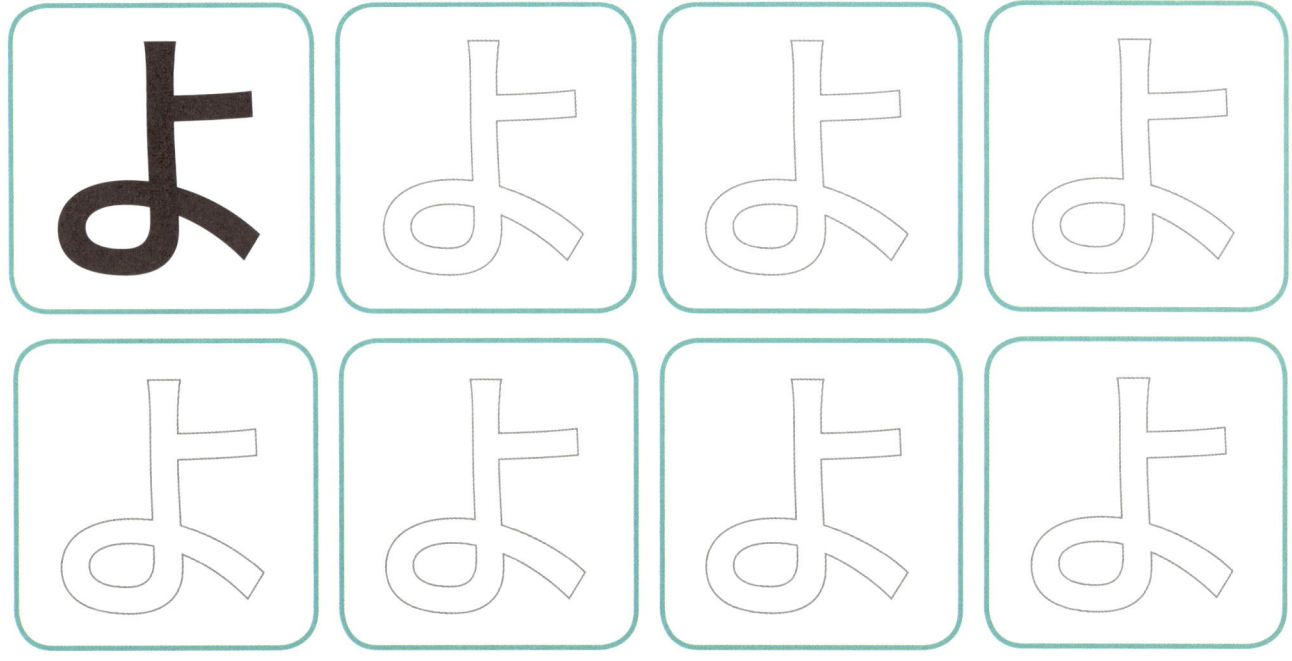

🌥 단어를 큰소리로 읽고 히라가나를 예쁘게 색칠해요.

요 모 기
よもぎ
*쑥

요 - 지
ようじ
*이쑤시개

요 - 후 꾸
ようふく
*(서양) 옷

요 꾸 바 리
よくばり
*욕심꾸러기

🐱 히라가나를 보지 말고 또박또박 써보세요.

☀️ 손가락으로 화살표를 따라 그려보고 연필로 써보세요.

わ
[wa]

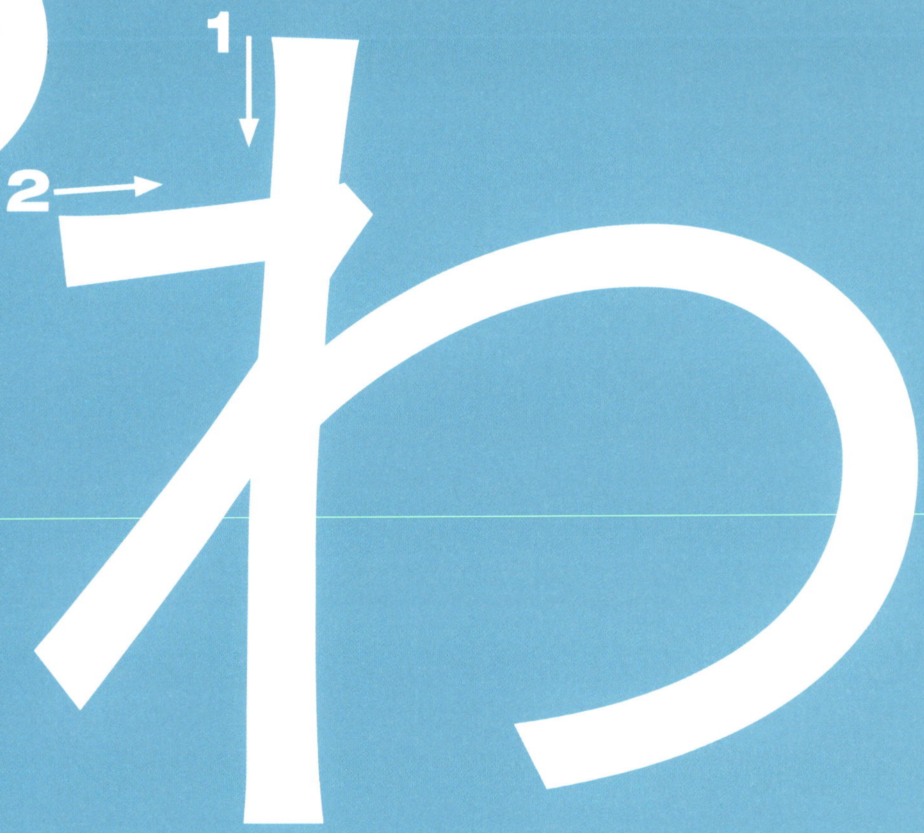

🐱 히라가나를 보고 천천히 따라 써보세요.

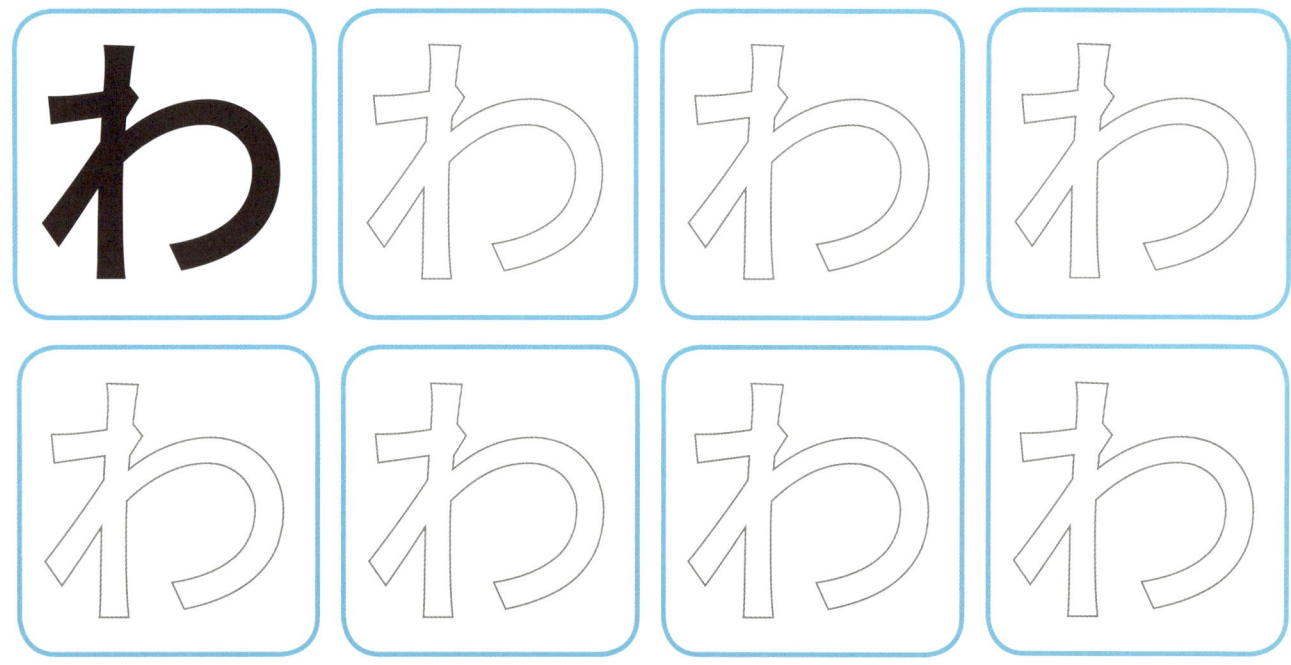

☁️ 단어를 큰소리로 읽고 히라가나를 예쁘게 색칠해요.

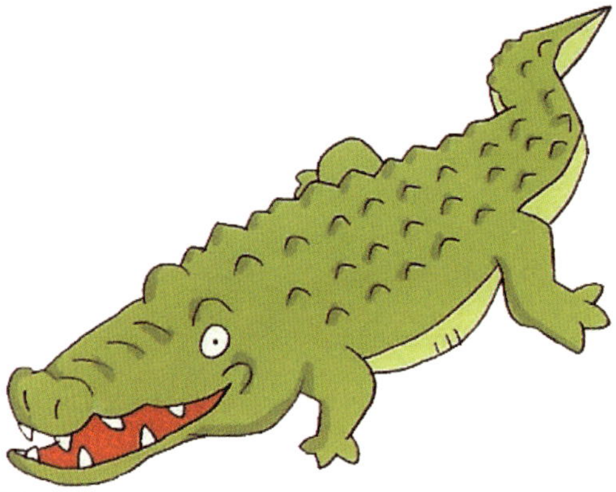

わし
*독수리

わに
*악어

わな
*올가미

わさび
*고추냉이

🐱 히라가나를 보지 말고 또박또박 써보세요.

☀️ 손가락으로 화살표를 따라 그려보고 연필로 써보세요.

응
[n]

* ん은 단어의 첫머리에는 쓰이지 않아요.

🐱 히라가나를 보고 천천히 따라 써보세요.

단어를 큰소리로 읽고 히라가나를 예쁘게 색칠해요.

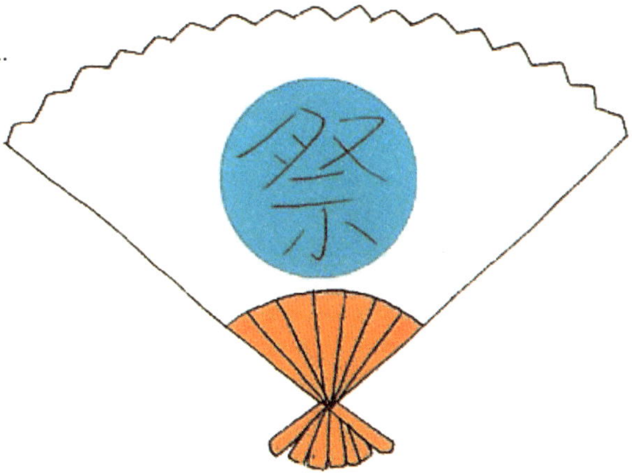

칸 즈 메
かんづめ
*통조림

키 링
きりん
*기린

센 스
せんす
*부채

카 방
かばん
*가방

ん

히라가나를 보지 말고 또박또박 써보세요.

다음 히라가나를 보고 알맞는 발음을 선으로 연결해보세요.

や ・　　　　　　　・ 와
ゆ ・　　　　　　　・ 요
よ ・　　　　　　　・ 응
わ ・　　　　　　　・ 야
ん ・　　　　　　　・ 유

　다음 발음을 보고 알맞는 히라가나에 동그라미를 치세요

유 [yu]　　や　ゆ　よ　わ　ん

와 [wa]　　や　ゆ　よ　わ　ん

야 [ya]　　や　ゆ　よ　わ　ん

요 [yo]　　や　ゆ　よ　わ　ん

응 [n]　　や　ゆ　よ　わ　ん

🌠 다음 발음을 듣고 그림에 알맞는 단어를 선으로 연결해보세요.

🐱 다음 발음에 알맞는 히라가나를 네모 칸에 써넣으세요.

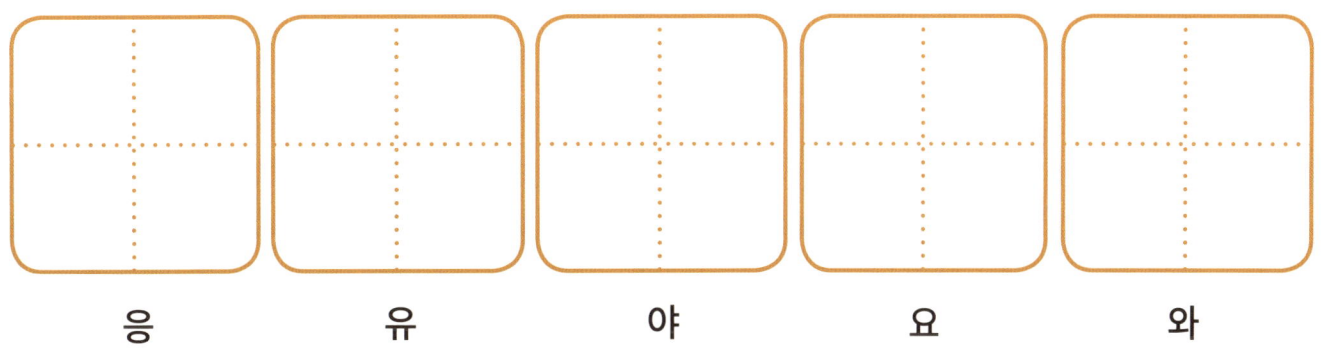

응　　유　　야　　요　　와

☀️ 손가락으로 화살표를 따라 그려보고 연필로 써보세요.

오 [o]

を

*を는 お와 발음이 같지만, 사물 이름에는 쓰지 않아요.

부록

- [゛]이 붙은 히라가나
- [゜]이 붙은 히라가나
- 작은 [やゆよ]
- 작은 [っ]

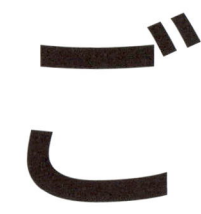

가[ga]　기[gi]　구[gu]　게[ge]　고[go]

가 까
がか
*화가

깅 꼬-
ぎんこう
*은행

군 징
ぐんじん
*군인

게 따
げた
*나막신

고 끼 부 리
ごきぶり
*바퀴벌레

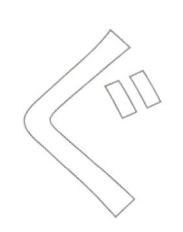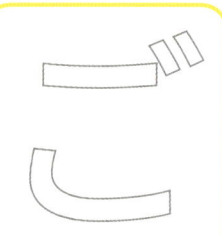

ざ	じ	ず	ぜ	ぞ
자[za]	지[ji]	즈[zu]	제[ze]	조[zo]

^자^세^끼
ざせき
*좌석(자리)

^즈^낑
ずきん
*두건

^지 ^도 ^샤
じどうしゃ
*자동차

^젬 ^마 ^이
ぜんまい
*고비(식물)

^조
ぞう
*코끼리

だ	ぢ	づ	で	ど
다[da]	지[ji]	즈[zu]	데[de]	도[do]

다쵸-
だちょう
*타조

하나지
はなぢ
*코피

카나즈찌
かなづち
*쇠망치

데구찌
でぐち
*출구

도-구
どうぐ
*도구

ば	び	ぶ	べ	ぼ
바[ba]	비[bi]	부[bu]	베[be]	보[bo]

밧따
ばった
*메뚜기

비징
びじん
*미인

부따
ぶた
*돼지

벤또 -
べんとう
*도시락

보 - 시
ぼうし
*모자

  ぷ

파[pa]　　피[pi]　　푸[pu]　　페[pe]　　포[po]

캅　빠

*갑빠(물속에 사는 상상의 동물)

엠　삐　쯔

*연필

셈　뿌 - 끼

*선풍기

십　뽀

*꼬리

홉　뻬　따
ほっぺた
*뺨

*단어의 첫 음절이 아닌 중간이나 끝에 오면 된발음 'ㅃ'로 발음해요.

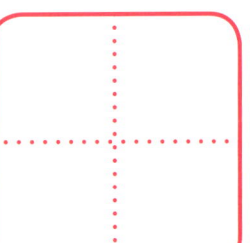 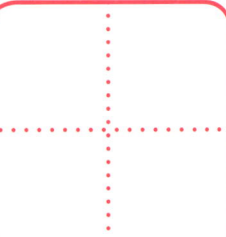   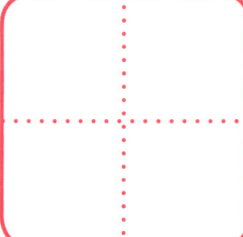

きしちにひ + ゃゅょ

샤싱
しゃしん
*사진

햐꾸뗑
ひゃくてん
*100점

야꾸ー
やきゅう
*야구

오모쨔
おもちゃ
*장난감

뉴ーがく
にゅうがく
*입학

콘쮸ー
こんちゅう
*곤충

쇼꾸도ー
しょくどう
*식당

쿄ーだい
きょうだい
*형제

みりぎじびぴ + ゃゅょ

じゃぐち
*수도꼭지

ろっぴゃく
*600백

じゅうどう
*유도

みゃくはく
*맥박

ぎゅうにく
*쇠고기

にんぎょう
*인형

びょういん
*병원

りょうり
*요리

っ + か さ ぱ た

^닉 ^끼
に っ き
*일기

^각 ^꼬 ⁻
が っ こ う
*학교

^잣 ^시
ざ っ し
*잡지

^켓 ^세 ^끼
け っ せ き
*결석

^킵 ^뿌
き っ ぷ
*표

^합 ^뾰 ⁻
は っ ぴ ょ う
*발표

^넷 ^따 ^이
ね っ た い
*열대

^킷 ^떼
き っ て
*우표

● 특별한 쓰임을 갖는 히라가나

ん 응 [n]

단어의 첫 음절에는 쓰이지 않아요.

に**ん**げ**ん**

*인간(사람)

を 오 [o]

'~을(를)'의 뜻으로 쓰일 때만 쓰이고 사물의 이름에는 쓰이지 않아요.

ごはん**を**
たべる

*밥을 먹다

は 와 [wa]

'~은(는)'의 뜻으로 쓰일 때는 わ(wa)와 같은 소리로 읽어요.

これ**は**
ほんです

*이것은 책입니다

へ 에 [e]

'~에(으로)'의 뜻으로 쓰일 때는 え(e)와 같은 소리로 읽어요.

にほん**へ**
いく

*일본에 가다